MARIE COLOMBIER

Causerie — Ca Couverture)

MÉMOIRES

3253

FIN DE TOUT

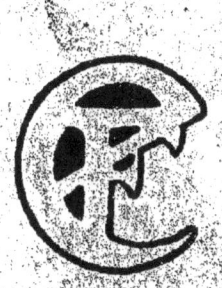

PARIS *1900*

ERNEST FLAMMARION, ÉDITEUR

26, RUE RACINE, PRÈS L'ODÉON

Quatrième mille

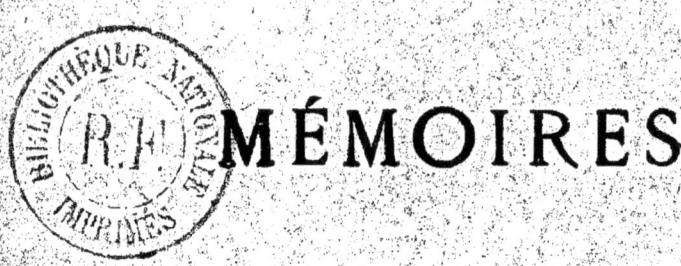

MÉMOIRES

MARIE COLOMBIER

MÉMOIRES

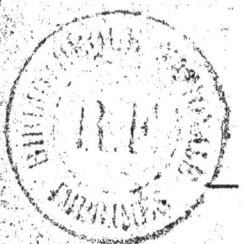

— FIN DE TOUT —

PARIS

ERNEST FLAMMARION, ÉDITEUR

26, RUE RACINE, PRÈS L'ODÉON

Alors c'est dit, ma chère Séverine, vous ne voulez pas de ma dédicace ? Vous avez crainte, dites-vous, que je ne vous passe mes ennemis.

La crainte est tardive.

Eh bien! c'est au public, c'est aux femmes surtout que je dédie ces MÉMOIRES. Qu'ils leur soient une leçon, un enseignement. Qu'elles sachent bien qu'elles doivent 'oujours être sur leurs gardes, quelle que soit leur situation, régulière ou PAS, du moment qu'elles sont isolées dans la vie. Elles offrent une proie facile aux convoitises de tous les corbeaux. Plus elles auront de générosité, de bonté, de dignité personnelle, plus elles seront roulées, dépouillées. A celles qui savent combien il est difficile de garder l'équilibre, j'offre cette confession et je demande absolution plénière.

MARIE COLOMBIER.

MÉMOIRES [1]

CHAPITRE PREMIER

On propose, le destin dispose. — Suite d'une représentation. — Le droit à la diffamation : qui tient la
plume doit tenir l'épée.

— Tiens, monsieur Andrieux !

— Ce n'est pas monsieur Andrieux. Mais
c'est vrai, comme il lui ressemble ! C'est un de
ses amis, M. Richarme, le grand industriel,
député de la Loire. Allons lui ouvrir, car s'il
attend qu'on vienne de la villa, il sera encore là demain.

Ainsi parlait Charlotte, la demoiselle de
compagnie de madame de Rute, qui se pro-

(1) Le volume qui précède a pour titre : FIN DE SIÈCLE.

menait avec Marie sous les frais ombrages
du parc de la villa de Solms. Malgré le mor-
cellement, il était encore superbe, ce parc.
Cette station d'Aix, devenue si célèbre,
avait appartenu en grande partie à la princesse Marie Bonaparte-Wyse, devenue madame de Solms, puis madame Rattazzi, et
aujourd'hui, définitivement, madame de
Rute.

Peu à peu, on a vendu des lots de terrain pour le tracé du chemin de fer, puis
pour une route, puis pour des hôtels à voyageurs ; puis ç'a été la Villa des Fleurs, avec
son superbe casino, se taillant un parc dans
le parc.

Aix, du reste, s'est tout à fait transformée,
développée : c'est la ville d'eaux qui réunit
actuellement toutes les élégances éparses autrefois dans les autres stations thermales ou
sur les plages. Le mouvement des courses
même ne peut parvenir à rompre le charme :
on y va en touriste, on ne s'y attarde pas.

Par exemple, les médecins exercent à Aix
une autorité absolue ; ils sont les rois du
pays. La ville leur appartient : ils y règnent.

Ils y vivent d'ailleurs en harmonie parfaite.
Ah ! si nos gouvernants s'entendaient pour
administrer la France comme ils s'enten-
dent, eux, pour mettre leurs malades en
coupe réglée, cela nous ferait une république
assez unie ! Aussi tout le monde, — commer-
çants, petits boutiquiers, — s'attache à conquérir les bonnes grâces de messieurs les docteurs : les baigneurs eux-mêmes leur prodi-
guent les sourires ; ils savent que si le maître
d'hôtel les a vus en causerie familière avec
un Morticole influent, il soignera le menu et
mettra les plus jolies fleurs sur la table.

Charlotte s'était avancée, et, attirant la
grille, elle avait fait entrer le visiteur avec
toutes sortes de démonstrations aimables, se
répandant en propos, en questions :

— Comment, c'est vous ? Depuis combien
de temps êtes-vous donc ici, qu'on ne vous a
pas encore vu ?

— Mais je suis arrivé d'hier ; j'ai eu la
bonne fortune d'assister à la représentation
de mademoiselle Colombier.

— C'est vrai ! Moi qui oubliais de vous
présenter !

— Ah ! il n'en est pas besoin ! Permettez-
moi de vous faire tous mes compliments, mademoiselle, sur votre talent, d'abord, puis
sur le choix des deux pièces qui se font si
heureusement opposition... Très drôle, très
amusant, *Comme elles sont toutes !* Votre
rire si naturel a réveillé en moi l'écho d'une
tendresse ancienne... Oh ! mon Dieu, j'ai été
de longues années l'ami d'une artiste du
Théâtre-Français à qui vous ressemblez éton-
namment, et dont le rire a le même éclat que
le vôtre, la même envolée. Je suis doublement heureux de vous rencontrer, et de vous
dire la sympathie que m'inspirent votre talent et votre personne. Êtes-vous à Aix depuis longtemps ?

— Huit jours.

— Vous y êtes déjà venue ?

— Jamais.

— Oh ! moi, je suis presque un habitué. Je viens ici soigner mes vieilles douleurs.

— On ne le dirait pas.

En effet, il n'avait nullement l'apparence
d'un malade. De loin, il rappelait la silhouette

élégante de notre ex-préfet de police ; de près, ses traits n'offraient pas la même unité, mais il s'en dégageait la même expression sympathique ; un léger et aimable scepticisme en relevait, par sa grâce mondaine, l'air de franchise et de spontanéité généreuse.

Marie expliqua au nouveau venu la confusion qu'elle avait faite tout à l'heure, en l'apercevant.

— Oh ! vous n'êtes pas la seule, répliqua-t-il. J'ai le plaisir de connaître notre ancien préfet, qui a été doublement le mien, car je suis presque un Lyonnais, et il était au Rhône avant d'être à Paris.

— Vous êtes ici par ordonnance ?

— Non, par mon bon plaisir ; je suis candidate rhumatisante.

— Nous sommes là à jaboter, interrompit Charlotte, et nous oublions ma maîtresse. Je vais aller dire à la princesse que vous venez lui faire visite.

Et, ramassant ses jupes, elle se mit à courir, sautant comme un cabri. Au bout de quelques minutes, elle revint exprimer les regrets de la princesse, qui, étant à sa toilette, ne pouvait recevoir; elle verrait M. Richarme au Casino.

— Excusez-moi, je vous prie. La Colombe (c'est ainsi qu'on avait pris l'habitude d'appeler Marie dans la maison) continuera de vous faire les honneurs; elle s'en acquitte à votre satisfaction, je crois. (Ceci fut dit avec un petit regard en dessous qu'on chercha à rendre très malicieux). Ma maîtresse a besoin des services de sa première dame d'atour.

Et là-dessus, elle fit une révérence du Louis XV le plus correct.

— Je ne dérange pas vos projets en vous retenant? interrogea le visiteur.

— Pas du tout, vous donnez un but à mon désœuvrement.

On parla jeu, combinaisons, et l'on conclut que pour gagner, la sagesse était encore de laisser sa bourse chez soi. Marie fit l'aveu de sa faiblesse; elle adorait le besigue, et depuis qu'elle était à Aix, elle n'avait pu trouver de partenaire : il n'y avait que des joueurs de baccara.

— Oh! mais, j'ai joué le besigue. Nous

allons voir si je m'en souviens encore. Voulez-vous ?

— Allons à la Villa des Fleurs ; nous nous
mettrons dans un coin de la terrasse et nous
cartonnerons.

Marie accepta. Quelques amis de rencontre
vinrent près de M. Richarme : les docteurs
Proust et Brouardel, en tournée sanitaire, le
marquis de Boissy-d'Anglas, un collègue de
la Chambre des députés, des médecins de la
localité. Pour fêter sa bienvenue, M. Richarme offrit un dîner qui réunirait tout le
monde le soir même.

Marie fut chargée d'organiser le menu.
Tâche délicate, car elle avait affaire à des
gourmets émérites. Elle s'en acquitta assez
bien : on la couvrit d'éloges et de fleurs. Il
est vrai qu'elle était guidée par un vrai chef,
maître Laurent, qui alterne entre Nice l'hiver,
et Aix l'été.

Esprit brillant et sceptique, le docteur
Proust taquinait Marie sur ses chroniques.
Celle-ci se défendait.

— Alors, disait-elle, c'est toujours comme
dans Molière :

Du côté de la barbe est la toute-puissance.

Vous avez tous les privilèges !

— Celui de l'attaque, en tout cas. La femme a, tout au plus, le droit de se défendre.

— Eh bien ! elle est jolie, votre morale ! Ainsi l'homme, le chroniqueur, peut, d'après vous, peindre une femme toute vive, ou plutôt toute nue ! Il peut dénoncer une faiblesse dont elle ne doit compte qu'à sa conscience, et à son mari, s'il l'apprend. Il a le droit de jeter la mort et le déshonneur dans une famille sous prétexte que, portant culotte, il peut tenir une épée ! Oui, je sais, en pareil cas, c'est l'épée qui justifie la plume : un duel, la belle affaire ! De la réclame, une petite promenade de santé, une piqûre au bras ! Excellent pour détendre les nerfs et rafraîchir le sang.

» Que me reproche-t-on ? Toutes les victimes que j'ai faites et qui crient leur détresse à tue-tête sont des « pêches à quatre sous » ; si elles ne s'étaient pas reconnues, qui donc les aurait mises en cause ?

» Ce sont elles qui se désignent elles-mê-mes; que voulez-vous que j'y fasse?

» Mais vos chroniqueurs, parlons-en! Un homme obtient les faveurs d'une femme de n'importe quel monde; souvent c'est par faiblesse, plus souvent parce qu'elle croit éviter le débinage. — Au lieu de lui témoi-gner sa gratitude par son silence, il se fait une réclame de ses bontés, au besoin il en fait de la copie! Ecoutez-le : « Moi aussi, » j'ai les mêmes joies que les milliardaires. » Ces femmes que vous vous disputez à » coups de billets de banque, elles viennent » toutes chez moi. Oui, oui, pour ma binette, » j'ai tout cela; sans compter ce que je ne »» vous dis pas, et que vous pouvez deviner. »

» Et ces gens-là ne parlent que de leurs amis : le marquis de X... et le prince de S... ou le duc de M... Ils affectent des allures d'hommes mal élevés, pour dissimuler qu'ils ne l'ont pas été du tout.

» Ils s'attachent à tout salir; leur vantar-dise n'a pas de bornes. Il suffit qu'une femme aille chez eux ou les reçoive pour qu'elle soit tout à fait compromise. Si c'est vrai, ils

le crient par les fenêtres; si ce n'est pas vrai,
ils le crient par-dessus les toits. Et ils donnent des détails! Ils y mettent un luxe d'indiscrétion qui rend la chose encore plus ré-
pugnante. Aujourd'hui, heureusement, la
mèche est brûlée : *Finita la musichetta!*

» Quant à moi, tout ce qu'on en dit c'est
pure jalousie. Mes potins ont du bon, puisque
le public les achète, et que les camarades
qui crient le plus fort se les sont appropriés
en les démarquant à peine. Bah! Aujour-
d'hui, tout ça n'a plus guère d'importance. »

On se leva. Par la « sente » de communication on monta au Casino, causant, riant,
comme une bande d'étudiants en gaîté.

A partir de ce jour, ce furent des excursions adorables, à travers le pays, du lac du
Bourget au lac d'Annecy. On explora toute
la campagne.

On déjeunait tantôt dans une ferme hos-
pitalière, tantôt sous une tonnelle primitive,
qui se rencontrait au tournant du chemin.

Un mois fut bien vite envolé.

Marie annonça à son compagnon qu'elle
était obligée de partir : elle avait promis à

un ami d'aller faire les vendanges chez lui, en Bourgogne. Une partie avait été convenue, on l'attendait, et elle venait de recevoir la lettre qui lui indiquait les heures où l'on irait la chercher. De la gare au château, il y avait deux heures de voiture.

Voyant la déception de son compagnon, Marie expliqua qu'elle avait contracté une intimité avec une personne rencontrée en Amérique et revenue en France sur le même bateau. Depuis un an, cette liaison durait; elle en était arrivée à une période de lassitude, qui avait déterminé l'artiste à quitter Paris, pour rompre définitivement avec ce passé qui ne pouvait être un avenir, car son partenaire était un très brave garçon, mais affligé d'une invincible paresse. Elle avait cru pouvoir conquérir une existence indépendante, vivre de ses livres, de ses chroniques; mais le caractère de son ami rendait la lutte trop inégale contre les difficultés de la vie. Fatiguée de cette situation, elle était partie après une explication franche.

Elle avait accepté la protection de M. de Billing, et il avait été convenu qu'elle quit-

terait Paris et que, le passé enterré, elle
viendrait le rejoindre.

— Demain, ajouta-t-elle, il doit m'attendre
à la gare de Dijon, où doit aussi se trouver
le beau-fils du baron, le fils de sa femme
morte, deux camarades et leur mère, madame de Bargilly.

Après une dernière excursion, on dîna à
la Villa des Fleurs, et comme c'était sa dernière journée à Aix, Marie voulut tâter du
baccara. La chance lui fut favorable : elle
gagna.

Une gêne, qui était presque une tristesse,
régnait entre elle et Richarme ; ils allaient,
en ralentissant le pas, du côté du logis, s'ar-
rêtant parfois, sous l'impression d'un ciel
étoilé, d'une nuit lumineuse. Ils finirent par
s'asseoir sur un des bancs de l'avenue, et
par se laisser aller aux confidences.

— Si vous saviez, disait le compagnon de
Marie, le mois d'enchantement que je viens
de passer! La gaîté de votre sourire a fait
fondre mes tristesses, chassé mes ennuis. Je
ne suis pas du tout l'homme fortuné dont
j'ai l'apparence. Ma maison est très riche,

mais moi je suis pauvre, je me suis laissé tenter par des opérations de Bourse, au moment du Krach de l'Union générale ; j'ai écouté les agents de change qui m'ont empêché de vendre au bon moment ; la baisse m'a surpris, et j'ai cru devoir liquider de bonnes valeurs. Le lendemain de cette liquidation, elles avaient regagné leur cours et au delà, mais aurais-je pu le prévoir ? Si la baisse avait continué, il m'eût été impossible de payer mes différences. C'eût été non seulement l'engloutissement de ma fortune personnelle, mais celui de ma fortune industrielle, l'insolvabilité, le déshonneur ! Une dette de Bourse me semble aussi sacrée que toute autre, et il faut être un malhonnête homme, à mon avis, pour profiter de la loi d'exception qui vient d'être votée et qui dispense de la payer.

» J'ai renoncé à mon mandat de député pour m'attacher exclusivement à mon industrie ; j'ai voulu la développer. J'ai visité l'Allemagne et l'Italie pour perfectionner mes usines. J'ai été le premier à importer en France les fours Siemens. De mon lit de

souffrance, où le rhumatisme me clouait, j'ai
dirigé la reconstruction des bâtiments, la
transformation des fours, sans arrêter pour
cela la fabrication, et je crois bien que j'ai
fait des verreries de Rive-de-Gier les premières verreries de France.

» Mes travaux de laboratoire m'ont amené
à d'heureuses découvertes. Mes inventions,
dont j'ai pris les brevets, me permettent de
lutter avantageusement contre la concurrence allemande et de la chasser de France.
J'espère, d'ici peu, avoir refait ma fortune,
mais j'ai des associés : il faut que je travaille
pour quatre. Voilà la situation. Elle est riche...
d'espoir.

» En dehors de quelques échappées, si
vous saviez comme ma vie est triste, dans
mon trou noir de Rive-de-Gier! Je n'ai de
plaisir que dans mes usines, avec mes ouvriers, et ils ne sont pas faciles à conduire!
Avec eux, il faut avoir la main souple, savoir
desserrer les doigts sans en avoir l'air! Ils
sont imbus de principes indépendants, ils
ont gardé la fierté de leurs prérogatives anciennes. Figurez-vous que j'ai encore des

ouvriers qui portent l'épée et la culotte
courte, comme les verriers dans les vieilles
gravures! Leurs ancêtres étaient anoblis par
leur profession, de sorte que j'ai sous mes
ordres des gentilshommes ; ce n'est pas toujours commode!

» Ah! ma vie n'a pas été bien gaie. J'ai
été élevé par une mère de grande intelligence et de grand bon sens, mais affreusement autoritaire. Tous les siens en souffraient autour d'elle. Jeune homme, j'en
étais arrivé à préférer passer le temps des vacances au collège, afin de ne pas retomber sous
le joug de cette volonté implacable. Pour me
décider à sortir, il m'a fallu la promesse d'un
phaéton et de deux poneys que je conduirais
moi-même.

» J'ai trois sœurs ; nous étions tendrement
unis, et nous avions les uns pour les autres
l'affection la plus vive. Mais elles se sont
mariées, et les maris ont été jaloux de notre
union. Peu à peu, j'ai senti cette amitié
s'attiédir.

» Me marier aujourd'hui! je suis trop
vieux. Une maîtresse ? Ma situation ne me le

permet guère. D'abord, ma fortune est insuffisante, puis je ne fais à Paris que des apparitions de loin en loin.

» Il est vrai que je projette de donner de l'extension à mon industrie et de fonder un entrepôt; cela m'obligerait à de plus fréquents voyages.

» J'avais une aimable amie, une femme spirituelle et charmante. Quoique mariée, elle avait deux admirateurs, moi et un de mes amis, agent de change; j'étais à la hausse, lui à la baisse; la baisse a triomphé. Je n'ai pas de chance. On m'a oublié.

» Je croyais si bien que vous resteriez jusqu'à la mi-octobre. Je prenais mes vacances! Et voilà que vous partez et que je vais rester tout seul. »

Il parlait ainsi, tour à tour mélancolique sans amertume, affectueux avec un accent de légère raillerie pour la vie et pour lui-même, et si discrètement ému, avec une pointe de scepticisme qui rendait cette émotion charmante. On sentait, sous l'élégance mondaine de ses paroles, une tendresse exquise et coquette qui commençait à se faire

jour, et l'on retrouvait aussi le mâle attrait
d'une pensée forte, d'une volonté coura-
geuse qui avait lutté avec l'existence, et qui
paraissait également fière de ses succès et
de ses épreuves. Mais la plus grande séduc-
tion de ce caractère était encore sa chevale-
resque franchise. Richarme offrait à l'artiste
ce dont il pouvait librement disposer : l'affection sincère d'un galant homme, que ses de-
voirs empêchaient de se consacrer tout entier
à ses sentiments.

Marie avait écouté sans interrompre, prise
au charme de ces confidences.

— Alors, dit-elle, il vous serait très
agréable de me retenir un mois ici ?

— Après ce que je viens de vous dire, pouvez-vous le demander?

Elle lui tendit la main.

— Eh bien, je reste.

Retenant la main, il attira Marie vers lui,
et la pressa longuement dans ses bras.

2.

CHAPITRE II

— Oh ! mon cher maître, comme vous êtes bon de m'accorder encore la faveur de vos précieux conseils !

Et, saisissant les mains du grand artiste dans un élan de reconnaissance, Marie y appuya ses lèvres : « Figurez-vous, mon cher maître, qu'il s'agit d'une scène très scabreuse, difficile à jouer ; je suis en désaccord complet avec l'auteur, monsieur Maujean. Lui, il a peur, il voudrait la supprimer, l'escamoter tout au moins. Moi, je prétends

qu'il faut l'imposer au public, la jouer bien
en face, carrément. Du reste, vous en juge-
rez, mon cher maître, puisque vous avez bien
voulu accepter de nous mettre d'accord.

C'est la scène capitale de mon rôle : elle doit
déterminer le succès, si je peux la jouer
comme je la sens.

— Eh bien ! on tâchera de vous y aider.

Cette scène se passait dans le cabinet de
M. Régnier.

L'éminent artiste avait accepté la direction de la mise en scène de l'Opéra, après
son départ prématuré de la Comédie. Dans
une représentation triomphante, il avait fait
ses adieux à cette maison de Molière où, pendant tant d'années, son grand talent avait
soutenu la tradition des Baron, des Molé et
des Fleury : ses élèves, continuant l'ovation
du public, l'avaient attendu à la sortie, et
voulaient le porter en triomphe.

Le fait était sans précédent à la Comédie.

Ce n'était pas seulement l'homme de talent
que l'on acclamait, c'était l'honnête homme,
juste, bon, humain pour tous, auquel ses dis-
ciples adressaient cet hommage, réunis dans

— la même pensée de vénération et de gratitude. Marie s'étonnait qu'il eût renoncé en
pleine vigueur, en pleine santé, à briller sur
la première scène du monde.

— Oh! comme vous avez raison, mademoiselle, et à quel point je suis de votre avis!

Elle se retourna. Sortant de l'ombre de la
vaste pièce, un monsieur s'avançait :

— Ah! vous aussi, répondit Régnier, vous
pensez comme mademoiselle Colombier?
Eh bien! sachez-le, il est pour nous autres
une impression bizarre : plus notre passé est
brillant, plus nous avons crainte de l'amoindrir. Dans ces derniers temps, aussitôt que
j'arrivais dans la coulisse, que j'entendais la
réplique sur laquelle je devais entrer en
scène, j'étais pris d'une peur étrange : si
j'allais manquer de mémoire, rester coi!
Puis, voyez-vous, quand on est arrivé à un
certain âge, se sentir exposé à la critique du
premier venu, qui peut ne pas être toujours
très courtoise, cela devient pénible : je n'en
ai plus le courage. J'ai un grand fils, un
gendre : je ne veux pas qu'ils risquent de
manquer de philosophie devant certaines

critiques. **Voilà,** mon cher Silvestre, ce qui a
été d'un grand poids dans ma décision.

— Silvestre ! Armand Silvestre ! Ah !
comme je suis heureuse de me rencontrer
avec vous, de vous dire mon admiration ! J'ai
lu tous vos poèmes en prose et en vers : Que
cela est beau !

Marie était pleine d'enthousiasme en mani-
festant l'impression que lui avaient causée
ces magnifiques *Sonnets païens*, où la splen-
deur latine de la forme et du rythme sert si
merveilleusement une inspiration généreuse
et hardie. Toute la grâce de l'églogue virgi-
lienne, des nymphes aux claires tuniques et
aux cheveux sombres, revit dans ces poèmes,
dont le charme conquit la sympathie admira-
tive d'une George Sand, alors que le chantre
de *Rosa* n'était encore qu'un inconnu dans
la foule mélodieuse des poètes.

L'enthousiasme de Marie provoquait le fin
sourire, un peu narquois, d'Armand Silvestre ;
il cherchait à s'y dérober. A quelques jours
de là, l'artiste le rencontrait. Ils faisaient le
même chemin, ils causèrent et bientôt devinrent amis. Dans la joie comme dans les

chagrins, Silvestre a prodigué à Marie la fidé-
lité de son dévouement. Après avoir accepté
de présenter au public, dans une exquise
préface, le *Pistolet de la petite Baronne*, il
devait prendre, quinze ans plus tard, le premier volume de ces *Mémoires* sous le patro-
nage de sa très haute autorité littéraire et
morale.

Dix-huit mois s'étaient écoulés depuis la
rencontre de Marie avec Richarme. Celui-ci,
n'étant plus amené régulièrement à Paris par
son mandat de député, n'y venait qu'à de
longs intervalles. Cependant l'intimité continuait, et un échange périodique de lettres
maintenait les deux correspondants en com-
munion d'idées.

Le dernier voyage s'était même prolongé.

Richarme avait été retenu par les projets
de construction de cet entrepôt dont il avait
parlé à Marie. Toutes ses journées étaient
prises par les affaires, mais d'un commun
accord, on dînait et on passait la soirée ensemble.

Cette apparence de foyer était un attrait,
une douceur, pour Richarme confiné dans sa

vie de garçon à Rive-de-Gier, et, à Paris, à l'hôtel Scribe : devinant ce besoin d'intimité, Marie lui rendait sa maison le plus agréable possible ; elle oubliait les soucis d'argent, qui se faisaient plus pressants chaque jour, dans l'impossibilité où elle était de liquider la situation, ne faisant que donner des acomptes. Elle entretenait ainsi les frais d'huissiers, mais pendant quelques semaines elle avait le repos, et elle oubliait volontairement, dans son insouciance innée de la question matérielle, tous ses ennuis.

Cependant, une inquiétude lui venait depuis quelques semaines. Richarme n'avait pas répondu à ses lettres. Vainement, elle attendait des nouvelles, rien n'arrivait, et pourtant il l'avait quittée avec la promesse d'un prompt retour, et l'espérance d'un séjour plus long.

Et ses lettres les plus pressantes restaient sans réponse : elle n'y comprenait rien, n'ayant aucun moyen de se renseigner.

Cette situation durait depuis plus d'un mois, quand Marie reçut la visite d'une connaissance de Richarme, grand industriel

d'une localité voisine de Rive-de-Gier. Il lui
dit avoir entendu raconter que Richarme
avait été souffrant, mais non en danger, que
du reste, si elle le désirait il allait écrire
pour avoir des nouvelles. Elle accepta.

Il lui demanda si elle était libre et voulait
lui faire le plaisir de dîner avec lui.

Il fut convenu qu'à huit heures on se réunirait au café de la Paix. A dîner, on parla de
cette fièvre qui tient toutes les femmes : elles
veulent absolument avoir pignon sur rue.

— Tiens, je comprends çà, s'écria Marie.
Voilà un désir que je partage ! Plus de concierge ! le droit d'avoir des chiens, de les
faire entrer et sortir sans contrôle, sans dis-
cussions avec les domestiques ! Mais on se
donnerait bien un peu au diable pour ce plai-
sir-là !

— Eh bien ! je vous prends au mot. Je
suis assez bon diable. Je vous offre le terrain
de votre hôtel, si vous voulez venir avec moi
passer une semaine à Amsterdam où je suis
exposant : acceptez-vous ?

Elle hésitait à répondre, se sentant sans
force devant l'offre tentatrice. Elle pensait

bien moins au petit hôtel qu'à l'avalanche
de papier timbré dont elle pourrait se débarrasser. Il insista :

— Acceptez. Cela ne vous engagera à rien :
il n'en sera que ce que vous voudrez bien.

Tacitement, elle consentit : on se rencon-
trerait comme par hasard, le surlendemain,
au chemin de fer, et comme par hasard, on
monterait dans le même coupé.

Cependant Marie avait reçu d'un jeune
littérateur, dont un livre sensationnel faisait
le héros du jour, une demande « d'au-
dience ».

Paris, lundi ? avril 1883.

Madame et cher confrère,

Tout d'abord, laissez-moi vous déclarer que
je ne suis point un *reporter*, car, sans cette affir-
mation préalable, vous pourriez vous méprendre
sur mes intentions, et je serais embarrassé moi-
même pour vous expliquer le motif, déjà assez
embarrassant à dire, de la présente lettre.....

M. Marpon vient de me faire lire votre dernier
volume, et je serais on ne peut plus heureux si
vous vouliez bien m'autoriser à aller vous pré-

senter mes hommages et mes sincères félicita-
tions. C'est bien indiscret, n'est-ce pas? Mais
votre talent, en vous donnant droit de cité parmi
les gens de lettres, a dû vous rendre indulgente
pour leur importune curiosité. Comme il est pro-
bable que ma prose n'est jamais tombée sous vos
yeux, j'ai dû chercher une référence, et j'ai naturellement songé à votre préfacier Armand
Silvestre. Il me connaît un peu et vous dira que
s'il vous est loisible de faire l'aumône de cinq
minutes à un de vos lecteurs, vous pouvez me
recevoir sans crainte de voir vos bijoux subti-
lisés ou votre mobilier inventorié dans mon journal. Enfin, M. Marpon, mon futur éditeur, à qui
j'adresse cette supplique pour qu'il vous la fasse
tenir, pourra vous affirmer que je ne suis ni
yankee ni monomane.

J'ose donc espérer, madame, que vous voudrez
bien excuser mon ambitieuse démarche, et je vous
prie d'agréer l'assurance du respectueux dévouement de votre humble confrère.

PAUL BONNETAIN.

Elle avait répondu en fixant un rendez-
vous. Le lendemain, Bonnetain arrivait. On
bavarda : Marie finit par dire qu'elle partait

le lendemain pour visiter l'Exposition d'Amsterdam.

— Tiens, mais moi aussi, répliqua son interlocuteur. J'y suis envoyé par mon journal. Si nous faisions route ensemble ?...

Ceci ne faisait pas l'affaire de Marie qui se mordit les lèvres de son indiscrétion. Pour éviter la compagnie qu'on lui offrait, elle indiqua une autre heure de départ que la véritable. Mais elle n'avait rien perdu pour attendre. A Amsterdam, comme elle venait de se mettre à table pour déjeuner avec son compagnon, Bonnetain fait son entrée dans la salle à manger de l'hôtel. Il n'y avait plus une table de libre. On rapproche les couverts et on ajoute celui du nouveau venu.

L'incident rendit Marie un peu confuse, d'autant plus que Bonnetain, soulignant, lui dit :

— Oh ! je comprends votre refus de ma société ; mais, vous le voyez, vous ne pouviez pas vous y soustraire : le hasard y a pourvu, à défaut de bonne volonté.

Marie abrégea son séjour et rentra à Paris plutôt qu'elle ne l'avait prévu, d'autant plus que son compagnon, qui portait un nom de clown célèbre, s'était pris d'une belle sympathie pour Bonnetain, et que, sous prétexte de laisser la jeune femme à sa toilette, ils visitaient tous les deux les endroits secrets d'Amsterdam ; et il paraît que les amateurs d'excentricités ont de quoi y passer leur temps agréablement.

Marie revint dans des conditions qui lui permirent de liquider les dettes les plus pressantes, et quand le Monsieur au nom de clown fut de retour, elle se trouvait à cet égard parfaitement tranquille, ce dont elle ne lui avait du reste aucune reconnaissance.

Ce dernier ne croyait pas que la rencontre avec Bonnetain n'eût pas été préméditée ; il n'eut rien de plus pressé que de lui raconter l'emploi de leur temps après son départ, et leurs études sur les curiosités d'Amsterdam. Ils avaient rencontré des amis qui étaient devenus des compagnons. S'excitant les uns les autres, ils s'étaient livrés aux plus répugnantes fantaisies. Il se complaisait dans ces récits de bordées soldatesques. Croyant avoir

joué le troisième rôle dans l'aventure, il
cherchait à s'en venger. C'était supposer
Marie bien sotte, mais l'amour-propre blessé
ne fait pas de psychologie.

Un jour qu'elle avait à déjeuner chez elle
Silvestre, Arsène Houssaye, Albéric Second
et Bonnetain, elle racontait son voyage
d'Amérique, les déceptions, les taquineries,
la mauvaise foi auxquelles elle avait été en
butte pendant tout le voyage, les conséquences du retour, et la lutte à coups de papier timbré qui en avait été la suite. Elle
s'écria, en conclusion :

— Oh! ce n'est pas Sarah Bernhardt qu'on
devrait l'appeler, c'est Sarah Barnum !

— Oh ! le joli titre ! fit Houssaye.

— En effet, c'est un titre de roman, répondit Second.

— Eh bien, je ferai le roman, reprit Marie,
et il sera drôle.

— Et moi, je serai votre collaborateur, si
vous voulez bien m'accepter, ajouta Bonnetain, mais à la condition que vous me per-
mettrez de faire la préface : cela m'autori-
sera à le défendre si on l'attaque

— Entendu, et commençons le plus vite possible.

Voilà comment les choses sérieuses se traitent parfois à la légère.

Peu de temps après, Richarme, dont Marie n'avait toujours pas de nouvelles, lui fit écrire par son neveu Auguste Dériard que, pris par les douleurs rhumatismales aiguës, tout à fait paralysé, il n'avait pu ni lui écrire ni lire ses lettres. Son mal s'éternisant, il se décidait à correspondre ainsi indirectement avec elle. Il allait mieux ; après avoir passé par d'horribles souffrances, il espérait que la crise touchait à sa fin.

Cette lettre arrivait bien tard ; Marie voyant les jours, les semaines passer sans apporter de réponses à ses lettres, s'était crue libre et avait agi comme une femme libre peut agir, surtout quand elle passe pour jolie.

Bonnetain avait déménagé : il était venu habiter avenue de Villiers, tout près de chez elle. Elle y était constamment, travaillant à *Sarah Barnum*. Puis le soir, avec quelques amis, on allait courir les théâtres ou Montmartre. La Butte n'avait pas encore accaparé

la vogue parisienne ; les audaces de Salis
paraîtraient bien timides à côté des engueu-
lades de Bruant et de son école, les chan-
sonniers au vitriol. Un matin, Marie reçut
un petit bleu : Richarme était arrivé dans la
nuit ; il pensait venir déjeuner avec elle. La
jeune femme se demandait ce qui allait se
passer et l'attitude qu'elle allait prendre. Son
cœur battait bien fort au coup de sonnette
qui annonçait la venue de Richarme. En le
voyant entrer si changé, si pâle, si affaibli,
elle se jeta dans ses bras, pleurant de tristesse et de joie. Il venait comme par le passé,
ne doutant pas qu'il était attendu. L'accueil
si tendrement affectueux qui lui fut fait con-
firma en lui cette douce pensée. Il expliqua à
Marie qu'il n'avait pu la prévenir de Rive-de-
Gier, tant son départ avait été précipité ; une
affaire importante, un gros marché qui ne
pouvait être traité que par lui l'avait contraint à brusquer son voyage. Et puis, enfin,
il était bien heureux de la revoir !

Ce dont il avait le plus souffert, pendant
cette si longue et cruelle maladie, c'était la
privation de ses nouvelles. Toutes ses lettres,

on les lui faisait glisser sous son traversin, mais il ne pouvait se les faire lire par aucun employé.

— Enfin, dit-il, n'y tenant plus, j'ai prié mon neveu de t'écrire. Ma sœur aînée, sa mère, venait de temps en temps passer quelques après-midi auprès de moi ; elle me faisait la lecture : elle m'a même lu tes livres.

— A-t-elle lu *Le Pistolet de la petite Baronne ?*

— Précisément.

— Eh bien, c'est gentil de sa part. La lecture en est édifiante.

— Elle savait qu'elle me faisait plaisir. Les heures sont si longues, quand on souffre ! Lire tes livres, c'était presque parler de toi !

Le déjeuner servi, on se mit à table. Elle raconta qu'elle avait trouvé un titre qui l'avait décidée à faire un roman, et elle lui en dit le sujet : elle avait écrit ce livre en collaboration avec Bonnetain, il était terminé, on allait bientôt le faire paraître, et il ferait certainement du bruit dans Landerneau.

A quelques jours de là, elle avait précisément à dîner les mêmes convives de ce dé-

jeuner où il avait été question pour la première fois du projet de roman : il y avait, de
plus, Léon Cléry le célèbre avocat, Henry
Fouquier et Aurélien Scholl et naturellement
Richarme. Marie parla du livre qu'elle allait
publier ; elle demanda à Me Cléry d'être son
défenseur, s'il y avait procès, ce qu'il promit.
Promesse qui n'a pas été tenue, par suite de
circonstances sur lesquelles on reviendra. Le
collaborateur était naturellement chargé de
la correction des épreuves. Toutes visites
avaient cessé, d'ailleurs, à l'avenue de Villiers, au grand déplaisir de Bonnetain, qui
trouvait l'abandon cruel après une intimité
aussi complète.

Marie était reprise par la tendresse profonde que lui inspirait Richarme, et qu'une
aussi longue absence avait seule pu lui faire
oublier. Elle cédait à la vive admiration que
lui inspirait son caractère, empreint d'indulgente bonté sans faiblesse, son esprit fin,
distingué, aux aptitudes universelles, sachant dominer les hommes et les situations.

Richarme était également à l'aise, dans ses
usines, conduisant un peuple d'ouvriers ré-

putés comme les plus rebelles du monde, ou
à présider une réunion d'esprits parisiens
des plus subtils. Il possédait aussi les avantages physiques : le type régulier, césarien,
l'œil noir et bien fendu, regardant avec assurance, la main élégante et fine, le pied petit,
cambré, la taille au-dessus de la moyenne,
les cheveux grisonnants, la moustache brune
ombrageant la bouche d'un joli dessin, les
dents bien rangées, éclatantes. Sa tenue
était très soignée, presque coquette, le liséré
de la Légion d'honneur se détachant sur le
vêtement sombre. Il se montrait d'une galanterie empressée, ayant un mot aimable
pour toutes les femmes, et cependant c'était
un monogame irréductible. Il n'admettait
pas qu'un homme trompât sa maîtresse : sa
femme peut-être, puisqu'on ne peut la
changer.

Un grand charme se dégageait de sa parole, de toute sa personne : il était enfin le
galant homme dans toute l'acception du mot.

Avant le service de presse, Marie adressait
à Sarah Bernhardt le premier exemplaire de
Sarah Barnum. Ce n'est que trois semaines

après l'avoir reçu, quand tous les journaux l'avaient signalé, la veille de la première de *Nana Sahib* à la Porte-Saint-Martin, que Sarah venait avec ses amis faire la chevauchée dont il a été tant parlé. Certains blâmaient, discutaient cette violation de domicile. « Pourquoi, disait-on, se reconnaître dans ce livre abominable ? Il n'y avait pas plus de raison de voir un portrait dans *Sarah Barnum* que dans *Dinah Samuel* de Félicien Champsaur. »

Un article de Mirbeau, paru dans *Grimaces*, et qui prenait à partie non seulement Marie, mais son préfacier, obligea Bonnetain à relever la provocation. Une petite conspiration s'ourdit dans le monde du journalisme, où l'auteur de *Nana Sahib* et son interprète comptaient des amitiés nombreuses, pour que Bonnetain ne pût constituer ses témoins dans les vingt-quatre heures. Marie devina le piège : elle riposta en assurant à son préfacier le concours d'un ex-familier de sa *meilleure amie*, le prince Bojidar Karageorgewitch. Le baron de Vaux, aussi serviable à ses amis qu'il sait être désagréable à ses enne-

mis, alla trouver Talleyrand-Périgord, aujourd'hui duc de Dino, qui, sur sa demande,
accepta d'être second témoin. Bien que Bonnetain eût servi dans l'infanterie de marine,
et qu'il eût eu le malheur d'un duel reten-
tissant, Marie avait grand' peur : Mirbeau
passe pour être très fort à l'épée. Enfin le
préfacier de *Sarah Barnum* en fut quitte
pour une saignée au poignet.

Bonnetain venait de faire une petite pièce
en un acte pour le casino d'Aix ; Marie devait
en jouer le principal rôle. Il était parti pour
surveiller les premières répétitions. La jeune
femme avait loué pour deux mois une villa
située à mi-côte dans la montagne ; elle retrouva à Aix toute une bande d'amis et
d'amies. Rosélia Rousseil, qui se repose à la
ville de ses rôles tragiques par une gaîté
pleine d'entrain, était une des habituées de
la villa de Marie ; René d'Hubert, qui était à
ce moment l'heureux directeur du *Gil Blas*,
invitait ses amis et collaborateurs à de superbes fêtes, à des dîners exquisement raffinés, avec fleurs et musique dans les jardins
de la Villa des Fleurs : personne n'eût fait

plus aimablement les honneurs des brillantes
parties qu'il organisait.

Il pria Marie à dîner à la Chambotte, en-
droit situé au sommet de la montagne qui domine le lac du Bourget. On partit dans trois
breaks, attelés chacun de quatre chevaux qui
marchaient à haute allure. On fit l'ascension
de la montagne, et l'on arriva à un point qui
sert de relais : les chevaux ne pouvaient aller
plus loin, la route n'étant plus qu'un sentier
rocailleux. On trouva des chaises à porteurs :
avec un peu d'imagination, on pouvait se
croire au temps des marquises parcourant
leurs domaines dans ce léger véhicule, pareil
à un étui coquet et capitonné qu'elles remplissaient du débordement de leurs jupes de
brocart et du somptueux épanouissement de
leurs coiffures, montrant à la portière leur
visage rose en quête de quelque galant.

Au sommet de la montagne, au point où a
l'air de finir le monde, se trouve une sorte
d'auberge. Une grande salle, au rez-de-
chaussée, offrit aux voyageurs la facilité de
réparer le désordre que leur toilette avait
subi pendant la route.

On vint annoncer que le dîner était servi :
les deux battants de la porte s'ouvrirent sur
la terrasse, et tout le monde poussa un cri
d'admiration. L'effet avait été bien préparé !
La terrasse surplombait le lac, avançant
comme un promontoire-fleuri au-dessus des
flots limpides. La réalité prenait les couleurs
du rêve. Le coucher du soleil incendiait les
horizons, dorés, opulents, saturés de lumière,
et cette magnificence de songe idéalisait le
décor, dans lequel les jeunes femmes aux toilettes claires et vaporeuses ressemblaient à
ces fées des Alpes que Manfred évoquait
sur les plateaux roses de bruyères. Et
c'était bien la table des fées qui semblait
dressée là, dans cette solitude, avec les
guirlandes de fleurs et les corbeilles de
fruits superbes dont elle était toute resplen-
dissante.

Pour le retour, il fut décidé qu'on renver-
rait les porteurs et que, profitant de cette belle
nuit, on descendrait à pied le chemin pour
rejoindre les breaks. Tous se tenant par les
mains, formant la chaîne, riant, chantant, la
descente s'accomplit, joyeuse. Puis on grimpa

dans les breaks. Les chevaux, tout attelés, attendaient, impatients.

Mais on s'avisa qu'un feu d'artifice, destiné à être tiré pendant le dîner, avait été oublié dans les caisses des voitures. On le réclama à grands cris. Il fut décidé que les fusées seraient tirées le long de la route. En entendant émettre ce beau projet, le maître de poste déclara s'y opposer formellement. Rien n'est entêté et imprudent comme les gens qui ont bien dîné; tous s'écrièrent sur l'air des lampions : « Les fusées! les fusées! » Une charmante jeune femme, adorablement blonde, au doux sourire, et qu'on eût dit descendue d'un cadre de Watteau, insistait :

— Oh! je vous en prie, monsieur d'Hubert, faites partir les fusées!

— Mais espèce de..., s'écria l'homme d'écurie, vous ne comprenez donc pas qu'avec une descente folle comme celle-là, les chevaux vont s'emballer, et que nous roulerons dans les précipices?

A cette ignoble injure, la jeune femme bondit. Sans vouloir considérer d'où partait l'insulte, elle s'élança à terre :

— J'irai à pied, déclara-t-elle, plutôt que de rester dans la voiture de ce manant.

— Demain, je me plaindrai à votre patron et vous serez chassé, dit René d'Hubert.

— On verra, répondit le rustre.

Et tous de descendre. On se concerta sur ce qu'on allait faire. On avait refusé de partir en voiture ; les breaks se dirigèrent vers Aix. Aller à pied, c'était un rêve : la distance était trop grande. Il ne restait au relais qu'un vieux cheval, qui servait pour aller aux provisions.

On résolut de remonter à la Chambotte. Oui, mais comment ? A la descente, dans l'élan de folie où l'on se trouvait, cela avait été à merveille ; on ne sentait même pas les pierres qui écorchaient le satin des souliers. Mais gravir ce sentier à pic, les femmes s'en déclarèrent incapables.

Alors, on envoya le valet d'écurie demander les chaises à porteurs. Les touristes s'assirent sur des pierres, sur des tertres, et tout bas, un peu assagis, regrettèrent leur humeur aventureuse. Ce fut bien pis quand, après un long temps, l'homme revint annoncer que les

porteurs, imprudemment renvoyés parce
qu'on n'en croyait plus avoir besoin, avaient
regagné leurs villages, bien loin dans la montagne. On était bloqué ; il valait mieux remonter à la Chambotte, coûte que coûte. C'est ce
que firent les voyageuses : les unes vives,
alertes malgré tout ; les autres s'aidant des om-
brelles qu'elles tenaient par un bout, tandis
que le cavalier, tenant l'autre, les hissait.

Enfin, on atteignit à la Chambotte : impossible d'y coucher, il n'y a pas de chambres ;
l'auberge n'est pas disposée pour loger des
étrangers. Que faire ? Attendre le jour ! On
enverra demain à Aix chercher des voitures.
On s'avise d'aller sur la terrasse. Le décor
a changé d'aspect. La lune s'est dégagée der-
rière les montagnes ; elle est en plein ciel ; sa
clarté inonde la terrasse et tout un côté du lac,
comme une nappe de lumière électrique, laissant l'autre côté dans l'ombre. C'est un véritable ensorcellement. Alors, obéissant à une
poussée subite d'harmonie, Marthe Duvivier
et Soulacroix attaquent le duo de *Samson* et
Dalila.

Et ces blasés, ces gens alourdis par un

dîner succulent et des vins généreux,
éreintés par une ascension forcée, oublient
tout pour admirer et applaudir, refusant les
lumières que les domestiques apportent. On
glisse le piano sur la terrasse et les artistes
chantent jusqu'au jour, sans fatigue.

Jamais la créatrice d'*Hérodiade*, cette fantaisiste qui chante quand il lui plaît, cette
bohème, n'a eu plus d'inspiration ni de puissance vocale ; jamais Soulacroix n'a été plus
complètement, plus magnifiquement, l'artiste
chaleureux, vibrant et sincère, dont l'émotion
communicative gagne le public, le pénètre et
l'enthousiasme.

Quand Marie rentra dans Aix, la robe
fripée par l'humidité du lac, toute dépeignée,
le chapeau rejeté de travers par les cahots de
la voiture, les malades allant à la douche, les
boutiquiers rangeant leurs vitrines, les domestiques balayant les trottoirs, s'écrièrent :

— Elle a rien fait la noce, celle-là !

La première de la petite pièce eut lieu au
casino, avec un égal succès pour l'auteur et
l'interprète. Marie, très fêtée, très entourée,
n'avait guère le loisir de réfléchir ni d'analy-

ser ses impressions. Richarme était arrivé à
Aix pour assister à la première représentation et faire sa cure. C'était une joie de se
retrouver dans ce pays adorable, de parcou-
rir à nouveau ensemble les sentiers connus.

Un malheur atroce passa sur cette félicité
comme une ombre d'épouvante. Madame de
Rute avait une adorable petite fille, Lola, la
joie et le sourire de la maison, ravissamment
jolie, et dont l'intelligence s'éveillait déjà,
exquise, dans ses grands yeux de fleur. C'é-
tait de la gaîté et de la grâce qui voltigeaient,
comme un vivant rayon de soleil. Un jour,
la fillette avait suivi la jardinière qui venait
de lui acheter un polichinelle, et elle s'amusait à l'agiter, pour en faire tinter les son-
nettes. En tournoyant, le polichinelle lui
échappe et va bondir sur la route : elle veut
le rattraper, lâche la robe de la jardinière
que tenait sa main, s'élance sur la chaussée.
Un omnibus, qui conduisait des voyageurs à
la gare, descendait la pente à toute vitesse :
voilà la mignonne sous les roues ! Le cocher
n'avait rien vu ; il entend des cris ; instinctivement, il arrête ses chevaux, ceux-ci re-

culent ; une seconde fois, les roues meurtrières passent sur le pauvre petit corps. La
jardinière, qui était en train de bavarder, aux
cris de la foule retourne la tête, et aperçoit
l'enfant, inerte, sous la voiture.

Le désespoir de la mère, personne ne le
dira : elle n'est pas la femme des expan-
sions ; sans cris, sans larmes, sa douleur
était plus effrayante. Elle dut prévenir le père
qui adorait sa fille : un premier télégramme
fut envoyé à Madrid pour le préparer ; un
second lui disait de venir en toute hâte. Elle
voulait qu'il gardât le souvenir de son enfant
foudroyée en pleine joie, avec toute sa grâce.

Même dans la mort, Lola était charmante.
La douleur ne l'avait pas même effleurée ! Il
y avait sur ses lèvres un sourire triomphant,
à cause du jouet reconquis, qu'elle serrait
dans sa main, et cette image de la petite
morte heureuse était à la fois très douce et
navrante. Elle semblait continuer en rêve ses
jeux habituels dans quelque paradis puéril ;
l'éternité qui avait clos ses yeux avait fixé sur
ses lèvres l'insouciant sourire, et ce con-
traste angoissait le cœur.

La chaleur est accablante à Aix, au mois d'août : il fallait préserver le petit cadavre contre le travail effrayant de la mort, et le garder au père dans sa grâce intacte. On plaça l'enfant dans sa petite baignoire : la mère espérait conserver sur ses traits cette fleur de vie à l'aide des procédés inventés par la science chimique.

La domesticité répandit le fait par la ville : la stupidité publique cria au sacrilège ; on voulut forcer la mère à laisser ensevelir son enfant, mais elle résista : il eût fallu faire le siège de la maison pour lui arracher le petit cadavre qu'elle gardait jalousement, dans une pensée d'affection inaccessible à l'intelligence vulgaire. On dressa dans la chambre une espèce de chapelle ardente avec des cierges qui brûlaient nuit et jour.

Après plusieurs veilles, la princesse, morte de fatigue, consentit à prendre quelque repos. Elle se fiait à sa dame de compagnie, Charlotte, du soin de la suppléer dans la veillée suprême.

Celle-ci, d'une indifférence absolue, tournant en plaisanterie sa tâche auguste, se laissait entraîner à flirter dans quelque coin avec les familiers et les hôtes de la villa.

Cependant, la valetaille était maîtresse de la place, insolente avec la mort comme avec tout le reste, selon ses instincts, et ne sentant plus de surveillance dans cette maison accablée d'un anéantissement funèbre. On déboucha le champagne, et lorsque au matin M. de Rute, pâle, brisé de fatigue et d'inquiétude, arriva enfin à la villa, ce furent des chansons et des rires obscènes qui accueillirent son entrée. Toute la domesticité était ivre, tandis que sa femme, sourde à ces viles clameurs, s'isolait dans la nuit farouche de son désespoir.

Marie avait donné à Roma-Isabella Rattazzi, la sœur aîné de Lola, une superbe poupée. Lola avait toujours eu follement envie de cette poupée, qui était plus grande qu'elle et si bien articulée qu'elle lui rendait presque son étreinte, quand la fillette la serrait jalousement dans ses bras. Quelquefois, pour la récompenser d'avoir été bien sage, on lui permettait de l'embrasser et de la tenir sur ses genoux, pas plus de cinq minutes. Marie

s'était opposée à ce que Roma lui fît don
tout à fait de la poupée ; elle lui avait promis d'en faire venir une autre pour elle de
Paris, mais l'enfant ne se contentait pas de
cette promesse.

En contemplant la petite morte dans son
cercueil, Marie eut le remords de ce refus
qui l'avait contristée, et, voulant lui donner
une satisfaction dernière, elle coucha le
jouet dans la bière, à côté de Lola. Ainsi,
côte à côte, la fillette et la poupée avaient
l'air de deux sœurs jumelles ; on distinguait
à peine la morte de sa compagne inanimée.
C'était le même teint de cire, car autrefois
les baisers passionnés de la petite fille avaient
enlevé les couleurs vives qui enluminaient
l'insensible visage de la poupée, et celle-ci,
en ses habits coquets, avait l'air de ces déli-
cates trépassées que l'on porte au cimetière,
en Italie, vêtues de leurs robes de fête.

Un sentiment douloureux et bizarre serrait
le cœur à la vue de ce groupe également
souriant d'un sourire qui n'était pas celui de
la vie.

Mais le lendemain, quand Marie s'approcha

du cercueil auquel personne n'avait touché,
elle eut un recul de stupéfaction effrayée : la
poupée n'y était plus.

Dans une de ces contractions affreuses que
la mort imprime aux cadavres déjà raidis
dans l'immobilité suprême, la petite Lola
avait repoussé loin d'elle le jouet, qui avait
roulé à terre. Elle avait emporté sa rancune
jusque dans la tombe.

CHAPITRE III

Tout ou rien. — Comme la fumée !... — Paris en province : la première de *Bianca* à Versailles. — Lettre
de Jules Claretie. — Le procès de *Sarah Barnum*.
— C'est beau la justice ! — Luttes familiales.

Marie rentra donc à Paris sous une douloureuse i. pression. D'ailleurs, cette représentation d'Aix avait ravivé son amour pour
le théâtre. Comment le concilier avec sa
liaison ? Richarme ne venait à Paris que
pour ses affaires, et alors même, il n'avait de
libre que les soirées et les heures des repas,
qui avaient lieu en commun. Ce sont ces
heures-là, précisément, qu'absorbent les né-
cessités du métier théâtral. Puis, c'est Bonnetain, qui devient de plus en plus exigeant

et 'admet pas qu'on l'abandonne. Et cepen
dant, Marie prévoit le moment où elle y
sera co. trainte.

Dans u.e lettre que Richarme vient de
lui écrire, il lui dit : « Ma sœur, madame Deriard, était à Aix, en même temps que toi ;
elle m'a dit (1e tout le monde prétendait
que tu étais l. maîtresse de Bonnetain, et
que votre liaison se continuait à Paris. J'ai
coupé court, en répondant que c'était bien
possible. »

L'avertissement était précis. Et pourtant,
comment rompre avec un homme qui s'était
fait son défenseur, au péril de sa réputation et de sa vie. Car enfin, dans un duel,
on ne peut jamais répondre de l'issue !

Un matin, elle reçut l'avis d'avoir à se
présenter chez le juge d'instruction. Elle y
va, on l'interroge.

— J'ai fait une œuvre de fantaisie, déclare-
t-elle, en écrivant *Sarah Barnum*.

— C'est bien de cela qu'il s'agit ! C'est la
morale publique qui s'est émue d'une scène
que l'on juge scandaleuse.

— Vraiment ! Quel honneur elle me fait,

cette bonne morale! Me voici placée à côté de Gustave Flaubert, de Feydeau, de Richepin pour ses *Blasphèmes!*

Marie plaisantait, et, de fait, l'attitude du juge ne lui donnait pas lieu de croire à des poursuites bien terribles. Elle partit du Palais de Justice, convaincue que l'affaire était enterrée.

Sur ces entrefaites, Richarme, qu'elle ne croyait pas revoir avant un mois, lui télégraphie sa venue. Elle avait coutume de le conduire au départ et de l'aller chercher à l'arrivée. Il était très souffrant, très fatigué par sa cure d'Aix; d'impérieuses affaires l'avaient contraint à ce voyage. Il était à Paris depuis quelques jours, quand il fut pris, chez Marie, d'une crise qui le mit dans l'impossibilité de rentrer à l'hôtel. De jour en jour, d'heure en heure, les douleurs articulaires devinrent plus aiguës. Il faut les avoir subies pour se les imaginer.

Marie passait les journées et les nuits auprès du patient, et couchait sur une chaise longue.

Adieu les visites à l'avenue de Villiers!

Marie recevait force lettres, mais qu'y faire ?
Elle était garde-malade, et d'un malade absolument paralysé par son mal. Une après-
midi, sa femme de chambre vint l'avertir
qu'on la demandait.

Dans le petit salon, elle trouva Bonnetain.
Il lui fit force reproches sur son indifférence,
puis finit par lui demander un conseil. Il
venait d'être appelé au *Figaro* : on lui offrait
de partir pour le Tonkin, au compte du
journal. Il comprenait l'avantage qu'il y avait
pour lui à être attaché à une feuille de cette
importance ; mais d'autre part, il était bien
sûr qu'à son retour tout serait fini entre Marie et lui ; elle l'aurait oublié. Il n'avait pas
le courage de sacrifier son amour. Quoique
dans l'abandon où elle le laissait !.... Enfin,
après discussion, il se rendit à son avis ; il
irait immédiatement annoncer au *Figaro* son
acceptation.

Marie revint auprès de Richarme.

— Tu avais une visite ? demanda-t-il.

— Oui.

— Qui ?

— Bonnetain.

— Ah! Que dit-il?

— Il est venu me demander conseil.

— A propos de quoi?

— Le *Figaro* lui offre d'aller, pour son compte, au Tonkin.

— Et que lui as-tu conseillé?

— De partir.

A ces mots, cet homme, que la paralysie tenait immobile sous sa griffe implacable, se dressa sur ses oreillers, et de ses yeux, de ses chers yeux, deux larmes s'échappèrent et glissèrent sur ses joues.

Marie, à cette vue, s'abattit à genoux sur la marche du lit, joignant les mains.

— Mon Dieu! mais qu'as-tu? qu'as-tu?

— Rien, ce n'est rien.

— Jaloux! Tu étais jaloux? Pourquoi me l'avoir caché? Pourquoi ne m'avoir pas dit que ses visites te déplaisaient?

— Je n'en avais pas le droit! Comment te demander des sacrifices, moi qui ne t'en puis faire aucun? Il ne me convenait pas d'entrer dans ta vie en trouble-fête, et je ne pouvais qu'être reconnaissant de la constante bonne grâce que tu m'as témoignée.

— Mais moi, jamais je n'aurais pu me douter que tu souffrais! Toujours je t'ai vu d'égale humeur; jamais tu ne m'as questionnée sur l'emploi de mon temps pendant de longs mois d'absence. Tu avais la clef de ma maison et tu ne t'en servais pas. Tu n'arrivais jamais sans me prévenir. Comment croire, devant les élégances de ton esprit et de ta philosophie doucement sceptique, que tu pouvais être accessible à la jalousie?

— Que veux-tu? Il est si agréable de s'illusionner, qu'on accepterait, même sciemment, le mensonge pour s'en faire une flatteuse vérité. Je ne voulais pas te mettre dans l'obligation cruelle de me répondre une triste vérité ou de me faire un plus triste mensonge.

Pour que tu voies ma faiblesse, il a fallu cette surprise. Des amis, des amies, depuis quelque temps, ont voulu m'éclairer sur ton intimité; je leur ai répondu : « Mon Dieu, vous êtes bien aimables, tous et toutes, de vouloir m'instruire, mais depuis un an on me cite toujours le même nom! Je suis sûr que pour bien des femmes... honnêtes, on n'en pourrait faire autant. Avouez que cela devient presque respectable. »

Il avait retrouvé son sourire que la maladie rendait douloureux.

— O mon pauvre cher, pardonne-moi de n'avoir pas su te comprendre. Je t'engage ma parole, qui en vaut bien une autre, et que tu n'as pas dû m'entendre prodiguer, qu'il n'y aura rien désormais, dans ma vie, que je ne puisse te dire. Tu pourras, sans crainte, m'interroger.

— Eh bien, moi, je vais te dire : ce voyage... c'est à mon instigation qu'on a demandé à Bonnetain de partir.

— Oh! cela, par exemple, je ne comprends pas.

— C'est bien simple. Le baron Platel (Ignotus) est de mes amis; il m'a dit qu'au *Figaro* on cherchait quelqu'un à envoyer au Tonkin, pour suivre les opérations militaires. L'idée m'est venue de recommander Bonnetain, en disant à Platel qu'il me rendrait un signalé service. A-t-il compris le service qu'il me rendait? Je le crois. Il est venu me voir ici il y a huit jours seulement. Dans tous

les cas, Bonnetain n'a pas à se plaindre : il
n'est attaché à aucun journal en ce moment,
et la situation offerte par le *Figaro* est très
avantageuse.

Quand, irrévocablement, Bonnetain eut
accepté ce périlleux voyage, Marie eut des
remords de le lui avoir conseillé. S'il allait ne
pas revenir? S'il était pris dans une embus-
cade, ou précipité dans une rizière! Un peu
extrême en tout, elle s'exagérait les périls
inconnus de ces contrées lointaines. Puis,
ce n'était pas sans un certain déchirement
de cœur qu'elle rompait une intimité déjà
ancienne.

Elle n'avait pas dévoilé à Bonnetain toute
sa pensée en le poussant à ce voyage. Elle
comptait, secrètement, sur le temps et l'absence pour amener, sans explication et sans
scène, la rupture définitive, et dissoudre cet
amour condamné par la destinée, et dont elle
sentait encore le poids cruel et doux.

Richarme, à peu près rétabli, avait été
obligé de repartir chez lui. Marie passait
donc la plus grande partie de son temps avenue de Villiers. Puisque Bonnetain allait

partir, puisqu'elle allait le perdre pour toujours, elle pouvait bien lui consacrer cette
dernière semaine.

Elle l'aidait dans ses préparatifs, courait
les magasins en sa compagnie. Ce qui l'ef-
frayait, c'était la quantité d'armes dont il
faisait provision : fusils de toutes dimensions,
revolvers de poche et d'arçon, coutelas,
etc. Il comptait donc avoir à se défendre
contre des ennemis bien redoutables ?

Ce qu'il faut de choses pour aller dans
l'Extrême-Orient ! On ne faisait que faire et
défaire les malles, ajouter ceci, cela. Enfin,
le tout hissé sur un petit omnibus, les cou-
vertures dans les courroies, valise et malle de
cabine dans l'intérieur, la portière fermée,
on partit au grand trot de deux vigoureux
petits chevaux de la Compagnie du Paris-
Lyon-Méditerranée. On arriva à la gare de
Lyon. Regnoul, toujours aimable et complai-
sant pour tous, avait réservé au voyageur
une bonne place dans un coupé. On retrouva
à la gare quelques personnes venues pour
les derniers adieux : MM. Berger, Chauf-
four, qui firent à Bonnetain force recomman-

dations : « Prenez bien vos renseignements
et envoyez-les le plus vite possible. »

Enfin les mains se serrèrent. La dernière,
Marie, monta sur le marchepied du wagon, et
lui, penché à la portière, lui donna le baiser
d'adieu.

Le train se mettait en *marche*. Stupide,
elle restait sur la chaussée. Sans s'inquiéter
des gens qui la regardaient, elle suivait de
l'œil le panache de fumée dans sa fuite. Avec
cette fumée c'était la dernière lueur de sa
jeunesse insouciante et libre qui s'évaporait,
qui s'enfuyait à chaque tour de roue, comme
ce train dont elle écoutait la rumeur décrois-
sante s'enfoncer et peu à peu se perdre dans
l'éloignement.

Elle fut quelques jours à se ressaisir, puis,
surmontant sa tristesse, elle chercha à se
distraire en mettant à exécution un projet
littéraire ébauché avec Valabrègue. Un jour
qu'elle lui avait avoué les goûts de théâtre
dont elle était reprise :

— Faites donc une pièce pour vous, lui
avait-il dit ; taillez-vous un rôle à votre fantaisie.

— Vous en parlez à votre aise ! V⟨ lez-vous être mon collaborateur ?

— Avec plaisir.

Ainsi elle eut l'idée de *Bianca*. La présence de Richarme malade chez elle avait arrêté l'exécution du travail. Il fut repris. *Bianca* devait s'appeler d'abord la *Comédienne*, mais Bauër avait pris ce titre pour un roman.

La pièce devait être jouée par Marie en tournée. Inquiète d'elle-même, désireuse d'un succès, Marie était allée trouver mademoiselle Fargueil, la priant de lui faire répéter le rôle, son cher maître Régnier se trouvant empêché.

— Il est bien difficile de donner des conseils, lui dit Fargueil : chacun traduit les situations suivant sa nature. Mci, je suis une nerveuse, vous une puissante ; ce que je fais avec mes nerfs d'une façon contenue, vous pouvez le faire avec votre passion, servie par un organe merveilleux. Tandis que moi, qui ai la voix cassée, je suis obligée de chercher l'effet « entre cuir et chair ».

Les répétitions eurent lieu au foyer des

Variétés, prêté par Bertrand qui est aujour-
d'hui co-directeur de l'Opéra. La première
fut donnée à Versailles.

Marie avait envoyé une loge à M. Claretie ;
elle reçut en réponse, de l'académicien, l'aimable lettre que voici :

Chère mademoiselle et amie,

Certes, je serais allé à Versailles ! Et avec joie !
et de tout cœur ! J'habite du reste Viroflay au
printemps, et Versailles est presque ma capitale.
Mais je suis pris par la gorge, anginé, ennuyé,
cloîtré ! Il faudra vaincre sans moi, et je regrette
sincèrement de ne pas aller applaudir *Bianca*.
Qu'elle resplendisse à Versailles comme le *Roi
Soleil* lui-même, et qu'elle fasse ensuite son tour
de France, et son tour du monde, triomphale-
ment. Voilà tout le mal que je lui souhaite. Et je
suis certain de votre succès ! J'y applaudis d'a-
vance avec joie, mais hélas ! de loin !

Votre affectionné et dévoué,
JULES CLARETIE.

27 avril 84.

Je ne vous aurais pas conseillé d'écrire le
fameux livre, qui est d'ailleurs fort amusant, et

qui est trop vrai, j'en ai peur ; mais je vous souhaite d'éviter la paille humide des cachots. Cela
encore, de tout cœur. Et maintenant, au roman
sans personnalités. Vous avez assez de talent pour
cela.

. . . .

Un train spécial fut organisé : les postes
elles-mêmes furent mises au service de certains journaux. Le Tout-Paris élégant se
trouvait dans la ville du Grand Roi. Malgré
la cabale, la pièce eut grand succès : l'inter-
prétation en était absolument excellente ;
Jane May, entre autres, fut adorable d'ingé-
nuité. On partait le lendemain même, suivant un itinéraire arrêté d'avance, et publié
dans les journaux : de la sorte, on pouvait
suivre la marche de la troupe. La lutte était
acharnée entre Marie et sa *meilleure amie*.
On ne se contentait pas des manifestations
de Paris et de Versailles. La troupe était de-
vancée dans chaque ville par l'organisateur
de la cabale, à moins qu'il n'arrivât en même
temps par le même train. Le plus intime
ami de la Grande Tragédienne, qui, dans les
précédentes tournées accomplies avec elle,

avait appris comment s'organisent les succès,
visitait, à l'avance, les journalistes de chaque
localité, et quand les artistes arrivaient, ils
trouvaient la presse et le public déjà prévenus
contre eux par un débinage habile.

Au bout d'une quinzaine, Marie n'entrait
plus en scène sans être prise de palpitations.
Il n'était pas possible de lutter contre un
homme qui, pour défendre la raison sociale,
avait la facilité d'aller dans toutes les rédac-
tions, dans les cercles, dans les cafés. Marie
finit par abandonner la partie ; après avoir
réglé les appointements de sa troupe, elle
rentra à Paris. Deux surprises bien différentes
l'y attendaient. L'une était un paquet des
lettres de Bonnetain envoyées à chaque
escale ; l'autre, une convocation chez le juge
d'instruction pour *Sarah Barnum*.

Cette fois, c'était sérieux : elle sentit qu'elle
allait être poursuivie. Elle ne se rendit pas
bien compte de la peine qu'elle encourrait.
Une amende ? Eh bien ! on la paierait. Et
sans trop s'inquiéter, elle écrivit à Me Léon
Cléry, qui lui avait promis de la défendre.
Les lettres de Bonnetain furent pour elle

une diversion et consolèrent un peu sa tristesse. C'étaient, d'abord, deux lettres qu'il
lui avait écrites l'une de Toulon, l'autre de
Marseille, avant de prendre la mer.

On a cru intéressant, au double point de
vue psychologique et littéraire, de faire connaître au public le caractère intime d'un écrivain dont les débuts sensationnels furent
admirés et discutés avec une vivacité égale.
Aussi bien, l'auteur de ces *Mémoires* ne fait-il
ici qu'user de réciprocité. Une année après
la date à laquelle ces lettres furent écrites,
Bonnetain, revenu d'un second voyage au
Tonkin, adressait à Marie son volume
l'*Opium*, avec une dédicace ainsi conçue :
A mon collaborateur sans le savoir.

Il avait intercalé dans son livre des lettres
que Marie lui avait écrites. Un jour, la ren-
contrant, il lui dit : « Quand je serai tout à
fait guéri, nous ferons, si vous le voulez, un
roman par lettres. Les femmes, dans leur
inconscience, trouvent souvent ce que nous
cherchons avec tant de peine : le côté ému,
sincère, primesautier. Je suis sûr que nous
ferions une admirable collaboration. »

Toulon, vendredi soir.

Ma chère amie,

Mon voyage?... Comme tous les voyages. Quand
mon compagnon de route, un notaire très boule-
vardier qui nous connaissait tous deux, a eu fermé
les yeux, j'ai pu penser librement à toi et savourer l'âcre jouissance que procurent aux sensitifs
et aux faux sceptiques de mon espèce l'arrache-
ment brusque d'une affection et la brutalité d'une
séparation douloureuse.

M'aimeras-tu trois mois durant?

Quelle couleur l'absent revêtira-t-il à tes yeux,
si parfois tu évoques son image?

Je suis arrivé à Marseille en retard d'une heure.
A peine ai-je eu le temps de courir aux messageries et de te télégraphier avant de reprendre le
train.

Me voici à Toulon, et d'assez mauvaise humeur, car je ne vois pas l'article à faire. Les paquebots affrétés par l'État pour emporter les troupes
ne sont pas arrivés encore. Demain matin, je vais
visiter le *Richelieu*, l'*Annamite* et le *Trident*, et
tâcher de trouver matière à une fantaisie littéraire que j'écrirai l'après-midi. Je tiens beaucoup
à envoyer quelque chose de Toulon.

Je partirai pour Marseille, le soir, vers cinq

heures. Je coucherai au Terminus-Hôtel, à la gare
même, et après-demain dimanche, à huit heures,
je serai à bord de l'*Anadyr*.

Ceci dit, et il le fallait dire pour que tu puisses
me suivre en pensée, que deviens-tu, toi, ma
chérie ? Écris-moi toutes les semaines, le *samedi* ;
de la sorte, tu ne manqueras aucun courrier. De
mon côté, à chaque escale, et, plus tard, à chaque
occasion, je t'enverrai une lettre, longue ou
courte, suivant les circonstances, mais dans laquelle je tâcherai de mettre un peu de mon
cœur. Pour aujourd'hui, laisse-moi me borner à
ces quelques lignes. Je meurs de sommeil, et je
n'en puis plus. Brisé moralement et physiquement, j'aspire après un repos de brute qui me
repose membres, cœur et cerveau.

Sur ce, à demain, ma chérie. Je t'écrirai en revenant de la rade. Ces quelques mots doivent seulement te rassurer, et te prouver que tu es et que
tu restes avec moi.

Je t'embrasse de tout mon cœur.

PAUL.

Marseille, samedi soir, onze heures.

Ma chère Marie,

Demain, à pareille heure, je serai loin. Je ne
puis pleurer, j'ai l'œil sec, le cœur gros. Aime-

moi encore un peu : tu as été ma première et seule affection, puisque je t'ai dû les larmes et les joies qui sont les seules consolations de la vie crevante et bête. Ne me retire pas tout mon bonheur ; je souffrirais trop si tu me trahissais. Au revoir. Je t'aime de toutes mes forces, et je t'embrasse de tout mon cœur.

Ton PAUL.

Je pars sans avoir une ligne de toi ! Pourquoi ne m'as-tu pas écrit ici à l'hôtel ?

Je viens de télégraphier. Encore mille baisers.

Vendredi, 11 janvier.

A bord de l'*Anadyr*, par Lat. N., 33° 02′ 36″, et Long., 26° 02′ 30″.

Ma chère Marie,

Ma vie à bord se continue, monotone, sans incidents. Demain matin, à l'aube, nous serons à Port-Saïd, et je t'écris ces quelques lignes pour les confier à l'agent des postes du bord. Que deviens-tu, ma chérie ?

J'ai de vagues inquiétudes. Je crains que moi parti, on te fasse payer cher les soi-disant diffamations de ton livre. Je voudrais que tes lettres continssent toute ta vie ; que je puisse, en les lisant, te suivre d'heure en heure, de jour en jour. Mais quand les aurai-je ces pauvres lettres tant souhaitées ?

M'écriras-tu tous les vendredis?

Ne te rappelleras-tu pas trop tard l'heure de *mon* courrier?

Je suis triste, quoi que je fasse, et bien que je m'efforce de lutter contre mes pressentiments confus.

Dieu sait si je suis superstitieux! Cependant, j'ai une vague inquiétude à ne pouvoir recouvrer mon assiette morale.

Pour la première fois, cette nuit, j'ai dormi en paix. Jusque-là, j'avais eu d'horribles cauchemars dont l'inexplicable inattendu et la dramatique incohérence, *en contrariant ma théorie scientifique du rêve*, m'ont impressionné. Je me réveillais, une sueur froide au front, très ému, partant très bête. L'archi-tension de mon pauvre cerveau, le brusque déséquilibrement de ma vie, notre séparation, la précipitation de mon départ, m'aidaient à me rendre compte de ces troubles cérébraux, et à accuser mon système nerveux d'un détraquement qui te semblerait à toi un avertissement surnaturel. Cependant, il me restait de ces nuits mauvaises une lassitude physique et un malaise inavoué. Tu te souviens du bris de la glace, à Aix? On prend de la femme qu'on aime jusqu'aux puérilités.

Il s'en est fallu de peu que je t'emprunte tes superstitions féminines, tes croyances au langage de choses et aux rêves, moi le matérialiste forcené, moi l'homme sensitif, mais insouciant. Cette nuit ayant été bonne, je suis redevenu pondéré, confiant; de plus, il fait soleil. Un bon soleil égyptien, cuisant déjà, qui porte à rire. La Méditerranée est comme un lac. Pas une vague, du bleu partout. Je me suis habillé de blanc. Depuis Marseille, j'appétais ce soleil, cette chaleur, ce bleu du ciel, ce bleu de l'eau, ce costume colonial lui-même, qui fait l'Européen moins banal. Me voilà radieux.

A Naples, pluie et boue. Le faubourg Montmartre, multiplié par 1,000. Un grouillement squameux, l'alphonsisme élevé à la hauteur d'une profession libérale! Les passants vous suivent pour vous proposer des filles ou des garçons. Pour les raffinés, on fait habiller ceux-ci en petits abbés violets ou rouges!

Par bonheur, la veille, le Vésuve crachait dans la brume. Un Moulin de la Galette aux flammes du Bengale. Hier, avec le commandant (la perle des officiers), nous avons essayé mes armes et tué des goélands, de blancs oiseaux superbes venus de la Crète toute voisine. Un passager japonais chargeait mes fusils et chantait les refrains d'Offenbach. Voilà la civilisation.

Si je m'arrêtais à Saïgon comme j'avais projet, j'y devrais attendre le bateau-annexe de la Com-

pagnie, le *Saïgon* ou le *Volga* ou l'*Ilissus*, et
j'arriverais trop tard pour la prise de Namdinh,
ces petits paquebots mettant très longtemps à
aller au Tonkin. Pour mon retour, j'ai l'intention
d'aller d'Haïphong à Hong-Kong, de là à Shangaï,
de là au Japon. Je m'embarquerai à Yokohama
pour San-Francisco, et je traverserai toute l'Amérique (je ferai ma *Sarah Barnum*, quoi!), jusqu'à
New-York, d'où je gagnerai le Havre et Paris,
J'aurai fait le tour du monde ! Note bien, chéri
qu'au lieu de retarder l'heure de notre embras-
sade, cette désorientation, ce changement de
route l'avanceront.

J'espère trouver une dépêche de toi demain
matin à Port-Saïd. J'y répondrai télégraphique-
ment, cette lettre devant mettre sept à huit jours
à t'arriv r. Mais quel chagrin de t'écrire toujours
sans avoir à compter sur une réponse avant des
mois !

Ma pauvre chérie, si tu savais combien je revis
les dernières heures passées entre tes bras! Ma
peau se hérisse dans une chair de poule convul-
sive, et ma bouche se dessèche plus ardemment
aux souffles iodés et salins de la grande mer
amoureuse; puis, je retombe à la désespérante
perception de ma solitude, à la réalité de notre
séparation — et je souffre comme au premier
jour, car l'on s'habitue à tout, sauf à l'éloignement de la femme aimée, à la privation des chères

caresses. Oh! oui, je les regrette, les folles caresses
des bons jours, mais, plus fort encore, je regrette
le temps perdu à nos stupides querelles.

Je regrette tout, ma colombe, jusqu'aux scènes
que tu me faisais. T'entendre, c'était t'aimer,
c'était t'avoir. Quelles bonnes heures nous avons
eues !

Rien de ce qui est l'idéal des romantiques
n'était en nous.

Notre matérialisme ne s'embellissait d'aucune
chimère. Les spasmes de notre chair étaient des
spasmes, non des frissons. Pourtant, dans quelles
extases n'avons-nous pas été transportés?

Te rappelles-tu, à Aix, les meurtrières voluptés
de nos transports de bêtes, et ton furieux « *Tant
pis ! jouissons de l'heure présente !* » par lequel,
lasse des doutes et des scrupules, tu tendis la main
au bonheur ?...

J'ignore si la vie me réserve félicités pareilles,
mais les avoir possédées reste ma plus consolante joie.

A la Guyane, je serais mort en insultant l'existence, mais s'il m'arrivait malheur en Indo-
Chine, mon dernier souffle n'aurait rien d'amer :
j'y ferais passer ma reconnaissance d'amour. Tu
m'as fait homme.

11 janvier, vendredi, 4 heures.

Il y a à bord plus de dix exemplaires de ton
livre. Et maintenant, il me faut fermer cette lettre
qui t'apportera quelque chose de moi, baisers et
pensées.

Tu es heureuse, toi, si tant est que tu m'aimes !
Jamais il ne se passera une semaine sans que
quelques lignes, insensées peut-être, aimantes à
coup sûr, te fassent songer que ton exilé pense à
toi, t'aime toujours. Moi, je suis condamné, non
seulement au vide désespérant des nuits chaudes,
où la brise se charge de parfums de femmes,
grisante comme si elle avait baigné un harem, et
séché, le long des flots bleus, le linge mystérieux
des intimes toilettes, étendu au bord des fon-
taines sur les lentisques verts... Mais encore je
n'ai pas la stérile consolation de lire un brin de
papier noirci et chiffonné par toi !

Tu as le meilleur lot, colombe, mais je suis
atrocement bête de t'écrire cela, car rien ne
prouve que tu m'aimes encore, si tu m'as aimé.
Au fond, je t'ennuyais, et tu m'as conseillé le départ sans trop de chagrin. Les meilleures amours
sont les plus courtes. Sera-ce à l'amant ou à
l'ami que tu rouvriras ta porte, à mon retour?
Chi lo sa? Bâtir sur un cœur de femme, ce n'est
pas bâtir sur le sable, mais sur la cendre. Rien

n'est plus longtemps brûlant, rien ne devient
plus glacialement froid.

Je suis idiot, n'est-ce pas vrai ? Ne m'en veuille
pas cependant. Je suis en une de ces mauvaises
heures dont à Paris tu n'as connu que les contre-
coups, mais que la solitude ici prolonge cruelle-
ment. La nuit, en tombant, a ramené mes chauves-
souris rêveuses.

Je suis malheureux, triste à mourir, et je te fais
supporter le poids de mon humeur. Ne m'en
veuille pas : tu sais bien que je t'aime.

Ton PAUL.

A bord de l'*Anadyr*, vendredi soir
18 janvier, par L. N., 13° 48'
Long. E., 40° 34'.

Ma chère amie,

Demain matin, à l'aube, nous serons à Aden,
où nous faisons escale et d'où ces quelques lignes
bienheureuses partiront vers Paris.

Je t'écris en hâte, moins par manque de temps
qu'à cause de l'impossibilité où l'on est d'écrire
dans la mer Rouge. Un bain de vapeur ! Je ne
quitte pas ma baignoire et mon appareil à douches.
Avec cela, un vent à décorner les bœufs — et debout. — Nous roulons ferme. Table et papier se
dérobent sous ma main. Je ne m'en porte pas

plus mal, ayant l'estomac marin. Par contre, le moral n'a rien, lui, de bien maritime, en ce sens que je ne puis prendre mon parti de la longueur du voyage, ou, pour mieux dire, du manque de tes lettres.

J'irais au pôle avec joie, car au fond je l'adore, la *grande bleue*, si tous les soirs, chemin faisant, je recevais de tes nouvelles, ne fût-ce que dix lignes, mais dix lignes portant dix baisers...

A ce propos, j'ai lâché à Naples un pigeon voyageur, porteur d'une lettre pour le *Figaro*. Est-il arrivé à bon port, et le *Figaro* a-t-il mis la dépêche dans sa salle publique?

... — Me suis-tu parfois sur la carte?

Ou plutôt, ne me trouves-tu pas idiot de t'assommer à chaque escale avec d'amoureux souvenirs?

Si cela était vrai pourtant, ce ne serait qu'une vengeance. M'as-tu assez lardé! m'as-tu assez reproché mon apparent scepticisme! As-tu assez douté de moi!

Si découvrir que tu étais et que tu es réellement aimée te causait quelque ennui?

Evidemment, je ne doute pas du passé. Pourquoi aurais-tu menti et comment aurais-tu si bien menti? Mais je me demande — me souvenant de *nos* soifs charnelles — si tu n'es pas absolument femme, et si mon départ t'a laissé quelque chose au cœur. Huit jours, quinze jours : c'est bien long ; mais un mois, mais deux mois ?

Oh! ce que je voudrais pour quarante-huit heures être ton concierge et te *voir vivre*, puisque je ne puis plus vivre avec toi !

Mille baisers — quand même.

PAUL.

En mer, par lat. et long. extravagantes aux-quelles tu ne comprendrais rien et dont les chiffres agrémentés de ° de ' et de " ne valent pas un bon baiser !...

> En mer, le 30 janvier, à 3 heures après midi de notre soleil, à 8 heures et demie ou 9 heures de Paris... à l'heure à la-quelle tu te lèves !...

Ma chérie,

Le sais-tu, dis, que je t'adore??? Tandis que je griffonne pour toi ces pages bienheureuses, que fais-tu et à quoi songes-tu? A Aix, je décou-vris que je t'aimais à en être bête. A bord de ce paquebot, je me suis aperçu que je t'aimais à en mourir. O ma chérie, toi qui, étant femme es su-perstitieuse, et qui, étant tendre, jouis des secondes vues du cœur tâche donc, dusses-tu employer les plus sanglants sortilèges, de me suivre en pensée, de me voir vivre, afin de savoir combien je suis stupidement fou de toi !

Si tu n'étais pas la plus intelligente des femmes, je ne t'écrirais pas ainsi au jour le jour, au gré de mon humeur présente, et surtout je ne te dirais pas la naïveté de mes découvertes.

Certes oui, je savais t'aimer — mais pas à ce point. Oh ! quelle bienfaisante école ! et que de joie me laissent mes épouvantables nuits ! Comme je ris de ma psychologie raffinée d'autrefois, de mes doutes, de tou !! Et avec quel bonheur je me laisse glisser dans le trou ! Car c'est un trou, un abîme, pour être classique, que le puits dans lequel je dégringole ; y tomber, c'est abdiquer personnalité, scepticisme, orgueil, *tout ce qui fait fort.* Tant pis ! je t'aime, vois-tu, je t'aime éperdument. Cela ne se discute point. C'est une fatalité, une chose inéluctable. Et je ne lutte plus et je ne conteste pas. Avec délices, je me sens un cœur de fille sous la mamelle gauche, et les rêves de mes pauvres nuits, et les pleurs de mes réveils me font du bien, me transportent.

Je me rappelle avoir souhaité jadis tout cela, avoir enfin l'anéantissement dans une tendresse de femme. Aujourd'hui je possède ces choses confusément désirées et je les précise. Mes lèvres sèches en balbutient le nom banal mais doux, ma pauvre cervelle en caresse les images et je suis heureux, ne regrettant rien, l'acuité de ce que j'ai souffert s'étant changée en une volupté, et toutes

mes terreurs se fondant en une seule, insondable,
celle de ne point revenir, celle de ne pouvoir encore t'étreindre à nous meurtrir l'un et l'autre...

Ce n'est pas ma faute, vois-tu si je ne t'ai pas
aimée plus tôt comme je devais le faire, comme
tu méritais de l'être. — Je suis malade et névrosé
à force d'analyser mon « moi » complexe et
compliqué. Je ne ressemble à personne ; je me
compare et je me hais, et je m'admire, et je me
méprise.

Je t'aime. Ne m'en demande pas davantage.
Pardonne-moi tout, puisque je t'aime. Qui donc
t'a aimée et t'aimera comme moi ? Tu ne m'as pas
pris : tu m'as conquis. Je suis une forteresse intelligente, que tu as fait capituler moellon par
moellon.

Je suis loin, je puis tout te dire. Si tu ris, je
n'aurai pas l'atroce douleur de te voir rire, ou de
deviner que tu ris. Mais aussi je n'aurai point la
joie amèrement exquise de te voir pleurer, si tu
pleures, si tu m'aimes...

Oui, j'aurais dû t'aimer tout de suite, et mieux.
Mais les choses sont les choses, je ne croyais pas.
Ma chair parla, la brute s'émut — et ce fut tout !
Quand je sentis venir le reste, *je me raidis*. Avec
passion, je m'accrochai aux branches, m'exaltant
à la joie de trouver un point d'arrêt ou un refuge.
Ta position, la fausseté de mon rôle, ma jeunesse,
le cynisme de ta franchise, mon manque de for-

tune, toutes ces pensées tour à tour m'arrê-
tèrent. Encore m'en faut-il oublier ! Aujourd'hui,
c'est fini. Mes mains ne rencontrent plus que le
vide, et je suis si faible, je t'aime tant, que si
elles pouvaient se raccrocher à quelque chose,
elles se crisperaient et ne voudraient rien saisir.

Te rappelles-tu un dîner que nous fîmes tous
deux, il y a quelques mois, et au cours duquel tu
m'insultas si atrocement que je m'enfuis? Tu
courus après moi et je dus t'empêcher de te
mettre à genoux. Tu pleurais, tu me demandais
pardon... Je revins, très lâche, et le cœur gros.
Ma lâcheté cependant s'est accrue, car je la regrette cette heure douloureuse. Je crus que tu
m'aimais.

A chaque fois que tu me laissas le croire, je
glissai ainsi d'un cran, et de glissade en glissade,
Aix aidant, puis mon voyage actuel, j'en suis
venu à être ta chose, ton esclave, ton chien à me
sentir parfaitement ridicule, souverainement
idiot, mais béatement heureux, d'un bonheur
en relation directe avec mes souffrances quotidiennes.

Tu ne m'aimes plus. Je le sens. Ces derniers
temps, tu y as mis du tien. Tu t'es efforcée de
faire l'unisson. Au fond, tu souhaitais une rupture *en la redoutant.* Et tu as béni l'occasion offerte, le voyage en Asie. Si je reviens, ce sera
au bout de longs mois. Tu ne seras plus à Paris,

ou bien tu seras devenue Mme R... En tout cas,
la chaîne aura été brisée, et les anneaux ne se
renoueront que lorsqu'il te plaira et qu'autant
que tu le voudras. Le cher passé sera bien mort.
Heureux encore si en le revivant tu ne le regrettes
pas tout entier !

Ma chérie, si tu savais combien je t'aime !

Si tu m'aimais, toi, tu quitterais Paris, *tout*.
Tu viendrais me rejoindre au pays du soleil. Et
sacrifice pour sacrifice, j'abandonnerais mes rêves
ambitieux, Paris, l'avenir, *tout*. Nous vivrions
par l'Inde et l'Indo-Chine, libres, amoureux, tout
à nous. Là, je serais assez riche pour deux. Le
jour où il faudrait finir cette douce vie, le jour
où je ne pourrais plus, sans rougir à mon mensonge, te jurer que désirs et tendresse sont à
l'unisson, le jour où madame de Mortsauf me
dirait : « Vois, mes cheveux sont blancs, il faut
finir », ce jour-là, doucement, sur un grand
fleuve, au coucher du soleil rouge dans l'eau
bleue, nous prendrions une barque, et nous irions
nous perdre, enlacés. Une planche à pousser du
genou, et ce serait la fin sans souffrances, en
un baiser dernier.

La vie? Ah, chère, je sais trop qu'elle ne m'apportera plus pareil bonheur pour avoir quelque
mérite à te la donner !

Je t'embrasse avec tout mon cœur.

PAUL.

En mer, le 31 janvier.

Si je t'aime, ma colombe ! Je suis malade quand, en fermant les yeux, je revois tes chers doux yeux, quand j'évoque nos délirantes caresses. Si nous ne devons plus nous revoir, — ce dont Dieu me garde (s'il existe), et pour cruel que doive être ton accueil à mon retour, — je veux amollir ma misère, attendrir l'horreur de mon deuil avec le pernicieux souvenir des extases anciennes. Comme tu l'as fêté mon pauvre cœur, et que de bonheur je te dois ! Va donc ton chemin. Ne m'aime plus (si tu m'as aimé comme je l'ai cru), et si la petite flamme est morte, soufflée par ma sottise ou par ta lassitude. Va ton chemin ! Je t'aimerai toujours, parce que je te dois d'avoir su aimer, parce que je te dois la grâce d'écrire, les larmes aux yeux, au lieu d'avoir un sourire aux lèvres, ce mirlitonesque : « Je t'aimerai toujours. »

Quoi que tu fasses, quoi qu'il advienne, tu es trop haut placée pour descendre, et je te dois trop pour cesser de t'aimer.

Seulement, je te demande en grâce, si tu ne veux pas, comme je te le demandais, me donner ce que tu *me dois encore de passion* et de joie, si, ainsi qu'en ruminant mes plus récents souvenirs, je le crains, tu as été instinctivement au fond de

toi-même, et peut-être, sans t'en rendre bien
compte, heureuse de ce que le hasard t'aidât à
en finir, ou du moins en préparer le dernier de
nos bons chapitres, ne me fais point attendre le
coup de grâce, je t'en supplie, et télégraphie-moi
ce seul mot : « Adieu ». Je comprendrai et je
finirai.

Vois-tu, tu *ne me reconnaîtrais pas après ce
mois* de traversée. Je suis resté physiquement le
même.

Au moral, je te stupéfierais. Je vais *non suivre
la campagne, mais la faire*. Dis-moi adieu tout
de suite, si jamais tu dois me le dire, afin que
je n'aie point une palpitation quand on sonnera la
charge, et que je puisse sans regret éperonner
mon cheval.

A toi.

PAUL.

Colombo (île de Ceylan),
dimanche, 27 matin.

A peine mouillé sur rade, j'ai volé un fanal et
je t'écris à tâtons pour ne point rater le départ
du paquebot l'*Ava*, qui chauffe à quelques pas de
nous.

Tout est sens dessus dessous à bord. Nous
allons embarquer les généraux partis, en dé-

cembre dernier, pour le Tonkin par le transport de l'Etat le *Vinlongh*. Ces messieurs ont eu un accident de machine, ou bien ont trouvé trop lente la marche de leur navire, et ils nous ont attendus à Colombo. Je ne sais rien de précis encore. Il fait toujours nuit et c'est à peine si la Santé nous quitte. J'irai porter moi-même ce mot à bord de l'*Ava* et prendre mes informations. Que t'importe tout cela d'ailleurs? Ce que tu veux savoir, c'est que ton Paul t'aime toujours et, de près ou de loin, reste avec toi.

C'était hier ma fête. On m'a offert un panier de fleurs artificielles *surmonté d'une Colombe!!!* Le bon public ne nous sépare décidément plus l'un de l'autre, sous toutes les latitudes. Aussi bien, je trouve nos livres, le tien surtout, dans toutes les escales : à Port-Saïd, chez les officiers des higlanders écossais ; à Aden, au mess des grenadiers de la reine.

A revoir, ma colombe. Pense un peu à l'exilé et aime-le comme il t'aime, de tout cœur.

PAUL.

C'était une joie pour Marie de se sentir aimée ainsi et surtout d'en recevoir la preuve par des lettres qui charmaient ses goûts intellectuels, tout en flattant chez elle le tendre

orgueil de la femme. Bonnetain était si loin
que, malgré la rupture à laquelle elle s'était
résolue, Marie ne croyait pas manquer à la
parole donnée « en entretenant la petite
flamme », et comme il le lui demandait, elle
avait tâché de « se mettre à l'unisson ». Elle
aviserait quand il se disposerait au retour.
Pourquoi, si longtemps à l'avance, le déses-
pérer, au risque de le pousser à quelque
folie ?

Il était parti, c'était beaucoup déjà.

Maître Cléry lui répondit par une lettre qui
était une fin de non recevoir, et qui se termi-
nait ainsi :

Quant à vous défendre, je vous aime trop pour
cela ! Mais passez donc un de ces jours, vers cinq
heures, je vous dirai mon avis... qui en vaut bien
un autre.

Bien à vous.

LÉON CLÉRY.

Que s'était-il passé entre le dîner chez
Marie où le grand avocat avait accepté sa défense devant dix personnes, et le jour où il
refusait de s'exécuter ? Mystère. Le fait est

qu'il refusait. Marie dut s'enquérir d'un avocat, et cela dans l'espace de huit jours.
M. Raoul Roussel accepta de plaider un procès perdu d'avance. Elle fut condamnée à
une amende de deux mille francs et à trois
mois de prison.

Elle écrivit à Richarme, le priant de venir
tout de suite à Paris ; ce qu'il fit. Elle lui
apprit qu'elle était condamnée à trois mois
de prison ; or, il n'y a pas pour les femmes
d'autre prison que Saint-Lazare. Forte de
son impeccable vertu, madame Clovis Hugues
a pu aller expier, l'âme sereine, dans une
prison infamante, le courage qui lui fit défendre sa réputation à coups de revolver ;
mais Marie ne s'en sentait pas la force ! Elle
serait belle joueuse ; elle avait perdu la partie, elle paierait, elle s'enverrait une balle
dans la tête. Richarme savait qu'elle le ferait
comme elle le disait. Sa première démarche
fut pour le ministre de la justice, Martin-
Feuillée, dont le fils venait de se fiancer à la
filleule de Richarme. Le ministre répondit :
« On dit mademoiselle Colombier intelligente, elle a un ami comme vous, et c'est

aujourd'hui qu'elle s'en sert ! Si vous étiez
venu, il y a trois mois, il y aurait eu ordonnance de non-lieu. »

La peine fut commuée en quinze jours de
réclusion à Auteuil, chez le docteur Beni-
Barde, dans le pavillon que venait de quitter
le prince Napoléon, condamné pour son
manifeste. La coïncidence permit au docteur
de faire ce compliment à Marie : « Après les
princes du sang, une princesse de la Rampe :
C'est beau, la justice !... »

Marie avait assumé la responsabilité pleine
et entière de son livre, refusant de le signer
d'un pseudonyme, y mettant son nom brave-
ment, audacieusement. Bonnetain a été son
collaborateur littéraire, rien de plus. Elle déclare avoir conçu et charpenté elle-même son
œuvre ; elle n'en a ni regret ni repentir ; elle
n'en désavoue que certains détails de goût
douteux, ajoutés lors de la correction des
épreuves (et ce ne sont pas ceux qui ont été
incriminés du reste), d'une saveur un peu
trop soldatesque !

Laissons maintenant dormir ces vieilles
querelles : Sarah n'a-t-elle pas, pour se con-

soler de toutes les attaques, la gloire de pouvoir se dire la première artiste du siècle ? Et aussi la gloire de défier, en sa jeunesse éternelle, la marche du temps ? Un jour, Marie lui a entendu dire, en riant : « Oh ! moi, vous savez, c'est comme au piquet, je ne marquerai jamais trente : je passerai à soixante ! »

Richarme profita du séjour forcé de Marie à Auteuil pour aller en Piémont, à Turin, en Lombardie, à Milan, à Florence : il tentait d'étendre son industrie, de trouver des correspondants. A ce moment déjà, les Italiens aimaient mieux acheter plus cher aux Allemands que de traiter avec les Français : l'alliance était bien préparée !

Richarme possédait en Vendée des mines d'antimoine pour lesquelles il avait dépensé plusieurs centaines de mille francs ; il était convaincu qu'en continuant les fouilles, au lieu des gisements d'antimoine qui étaient en petite quantité et mêlés d'alliage, il trouverait du charbon. Il était donc très désireux de ne pas abandonner les travaux, et surtout de se garantir contre les éboulements et l'inondation.

Quand il avait pris la direction de la maison, il s'était attribué un chiffre d'appointements aussi modeste que possible : douze mille francs. Depuis, la situation avait bien changé : non seulement il avait perdu sa fortune personnelle dans le krach de l'Union générale, mais encore, avec l'assentiment de ses associés, il avait engagé une partie de sa fortune industrielle. Il s'attribua trente mille francs de traitement comme directeur.

Alors furent déchaînées contre lui toutes les fureurs de ses associés ; ils lui écrivirent en hâte pour lui donner rendez-vous chez eux. Par la lettre suivante, il acceptait ce rendez-vous.

Rive-de-Gier, 1er octobre 1884.

Monsieur Charles Marrel,

Je reçois votre lettre de même date, dans laquelle vous me dites que je dois mettre un frein à ma conduite désastreuse pour les intérêts de la maison et les miens. Qu'ai-je donc fait de désastreux pour les intérêts de la maison? depuis huit mois surtout, où, suivant la parole donnée, je n'ai retiré que les sommes qui m'étaient absolument nécessaires ! Et comment pouvez-vous me dire que je ruine la maison, alors que les banquiers sont à peu près remboursés, et que, dans quelques jours, il ne leur sera plus rien dû (1)?

J'ai la prétention d'avoir plus que quintuplé la fortune de mes associés, et cette prétention je la maintiens. Si jamais nous arrivons à ce papier timbré dont vous me menacez toujours, sous forme d'esprit et de moyen de conciliation, je ferai facilement la preuve devant des experts étrangers ; je ferai, dis-je, facilement la preuve de ma prétention, parce qu'ils n'auront contre moi ni la haine ni l'injustice qui vous aveuglent et que vous me montrez.

Quand j'ai voulu vous donner des explications, vous n'avez pas voulu les entendre ! J'y suis aujourd'hui tout aussi disposé qu'auparavant, et je me rendrai vendredi à deux heures au rendez-vous que vous me fixez.

J'ai l'honneur de vous saluer.

P. Richarme.

L'entrevue eut lieu à la campagne, près de Rive-de-Gier, dans la maison habitée par la famille. Les deux ménages vivaient en-

(1) Quatre millions cinq cent mille francs avaient été dépensés pour la transformation des usines ; telle est l'origine de cette dette chez les banquiers.

semble, les deux frères ayant épousé les deux sœurs de Richarme. Alors, dans une aile écartée de l'habitation, qui était absolument isolée, une scène d'une violence cruelle éclata. Deux procès, l'un à Saint-Etienne, l'autre en appel à la Cour de Lyon, ont rendu publique l'origine de cette haine de famille, que la mort elle-même n'a pu éteindre.

Les deux beaux-frères, renforcés de leur troisième frère, l'aîné, le chef, reprochèrent à Richarme de n'avoir créé l'entrepôt de Paris que pour se donner l'occasion d'aller voir plus souvent sa maîtresse. Ils continuèrent sur ce thème, ajoutant aux allégations sur la situation finacière de Richarme, les attaques les plus vives; de même sur sa vie privée. Sûr de lui, de son œuvre accomplie, il leur répondait victorieusement :

— Vous me parlez de ma direction, vous la critiquez. Voyez-en les résultats : votre fortune, à vous, se chiffre par millions — des millions que vous n'avez pas eu grand'peine à gagner. La métallurgie rapporte gros, bien au delà de l'effort qu'elle demande. Oh! je

connais vos « trucs. » Vous n'avez pas de
concurrence à redouter. Mais, moi, je suis
obligé de chercher, de travailler sans répit,
de produire bon marché.

» Mes découvertes, je puis le dire, m'ont
placé au premier rang de notre industrie
verrière. J'ai pris les brevets de ces découvertes au nom de la maison, pas au mien!
Quant à ce qu'elle est devenue entre mes
mains, cette maison, lorsque j'en ai assumé
la direction, les bénéfices se chiffraient, dans
les meilleures années, de soixante à cent
mille francs. Cette année, nous avons dé-
passé cinq cent mille.

» J'ai reconstruit les usines, j'ai transformé les fours, et cela sans arrêter la fabrication. On a dépensé quatre millions cinq
cent mille francs, sans faire le moindre appel
de fonds, sans réclamer le concours de mes
associés, uniquement avec les ressources de
l'affaire.

» J'ai créé cet outil que tous déclarent
merveilleux, que l'on vient voir de partout,
et qui m'a permis de chasser de France la
concurrence allemande. Et c'est au moment

où l'on va recueillir le fruit de mes efforts
que vous venez m'accabler de récrimina-
tions, d'injures!

» Je suis libre. Je suis garçon. Je ne vais
pas voir ce qui se passe dans votre chambre
à coucher; je vous défends de pénétrer dans
la mienne. Ma vie intime ne vous regarde
pas, et je n'ai pas d'engagement à prendre
vis-à-vis de vous, sur un tel sujet.

— Eh bien, vous ne sortirez d'ici qu'après
vous être désisté, après avoir renoncé à la
signature de la maison.

— Jamais, n'ayant rien à me reprocher,
jamais je ne consentirai à cette déchéance.

Les deux hommes marchaient sur lui les
poings fermés. Mais l'aîné, effrayé, intervint,
les prit à part, redoutant quelque excès irréparable.

— Vous n'obtiendrez rien de lui de cette
façon, leur dit-il.

Et ils le laissèrent partir.

CHAPITRE IV

Lettres inédites de Paul Bonnetain. — Voyage
sur la grande Bleue.
Impressions d'Extrême-Orient.

Décidément, les poursuites contre *Sarah
Barnum* avaient mis la magistrature en goût.
Une assignation fut envoyée chez Bonnetain,
à propos de son livre, *Charlot s'amuse*, qui
avait été imprimé et publié en Belgique. Il y
avait dix-huit mois de cela; on a raison de
dire que la justice va lentement. Au fond,
dans le romancier de *Charlot*, c'était tout
bonnement le préfacier de *Sarah Barnum*
et le collaborateur de Marie que l'on voulait

atteindre. Elle alla trouver M⁰ Cléry qui accepta, cette fois, de se charger de la défense. Il s'en acquitta brillamment, et gagna le procès qui ne fut plaidé qu'au retour de Bonnetain.

Par les lettres qu'elle avait adressées à celui-ci, en Extrême-Orient, Marie s'était efforcée de préparer la rupture; mais la chose était aussi difficile par écrit que de vive voix.

Les réponses qu'elle recevait, le désespoir dont il témoignait à chaque insinuation de ce genre, la crainte qu'il ne s'abandonnât à quelque folie lui faisaient défaire par le courrier qui suivait ce qu'elle avait tenté par le courrier précédent. Cependant Bonnetain annonçait son retour par un paquet de lettres dans lesquelles il se montrait plus épris qu'au départ. Elle ne voulait pas le voir; elle craignait de faiblir. Elle lui écrirait un mot qu'il recevrait à Naples, et quitterait Paris pendant quelque temps.

Dans un élan spontané, elle avait promis qu'elle ne le reverrait plus. Voici qu'il revenait : sûrement, malgré sa lettre de rupture, il chercherait à la revoir, il réclamerait une explication, et elle n'en voulait pas.

Si Richarme avait été constamment à Paris, elle eût été forte et armée pour la résistance ; mais livrée à l'ennui des longues solitudes, elle craignait de succomber. Elle partit pour Lyon, afin de se réfugier auprès de cette tendresse consolatrice, de cette affection indulgente et forte.

Hanoï, 19 février, soir, 11 heures.

On m'apprend à la dernière minute — comme toujours — le départ d'une canonnière, et me voilà vite à t'écrire. T'écrire quoi?

Que je t'adore plus fort à mesure que coulent les jours? Que j'étais fou d'espérer dans le mouvement, dans les aventures, dans les horizons inconnus, dans la joie du voyage libre, pour me consoler de notre séparation, pour refroidir mes lèvres qui ont soif des tiennes?

Hélas? je t'ai dit et redit tout cela, et le pis est qu'un tel refrain va te sembler insupportable de monotonie, si tu n'es pas à l'unisson.

Et tu n'y es point, tu ne peux pas y être.

Tu m'as trop poussé à ce voyage. Certes, tu pleurais en m'accompagnant à la gare. Pleurs de femme, pleurs tendres, pleurs faciles, — nerveux surtout.

Tu m'aimais. Soit! Seulement, à **un** moment, tu voulus réagir. Une heure sonna durant laquelle tu mesuras les joies que je te pouvais encore donner et les entraves que j'apportais à ta vie.

(« Il n'était pas trop tôt que je partisse! ») Les secondes pesèrent beaucoup dans la balance, et, comme tu n'osais en finir, tu bénis, en la regrettant, l'occasion qui te faisait libre — ou qui te donnait du temps.

Eh bien! je ne te reproche rien. Tu m'as apporté du bonheur. Que je le paye, c'est juste. Ne m'en veuille pas de ce qui n'est qu'une plainte et non une récrimination. Nous ne pouvions pas toujours être heureux : cela était fatal.

Alors, diras-tu, pourquoi t'écrire tout cela?

Je ne sais. Une tendresse au cœur, je m'étais mis à ma table afin de causer un peu avec toi, de ne pas manquer un courrier. Au fond, c'était du courage, car le froid, depuis trois jours, a disparu; il tombe une chaleur mouillée, affadissante comme un souffle de buanderie, écrasante à vous aplatir, et, ce soir, il tonne épouvantablement. Des éclairs comme tu n'en verras jamais à Paris, violettant mon papier, font zigzaguer ma plume. La pluie bat ma paillotte avec un bruit de gros sous remués par piles; et les moustiques sortent en bataillons des murs suintants, des dalles moussues. J'ai la main droite pleine de cloques, tandis que j'écris, et mes yeux harcelés larmoient...

Mais je suis de si féroce humeur que ce supplice me devient une jouissance. Sais-tu à quoi je songe? A ta promesse non tenue, à ce portrait que je devais recevoir avant d'embarquer, ou, au plus tard, voie Brindisi, et qui m'a tant manqué durant ces quarante-cinq jours.

Bing! encore un coup! Je ne voudrais pas être de grand'garde, ce soir, si j'étais encore soldat! A propos, je pars pour Bac-Ninh, le mois prochain. — Cela va chauffer là-bas. J'envie, ma parole, ceux que ce siège passionne déjà! Ce doit être amusant de se battre pour un ruban rouge ou un galon. Je n'attends ni l'un ni l'autre et, cependant, je vais intriguer pour faire le coup de feu. La sensation de ce danger-là me manque encore. J'en veux jouir.

Dépit et orage à part, je me serais fait violence ce soir, pour ne pas t'écrire, à coups de boutoir, malgré la tristesse de la nuit sans sommeil qui commence, malgré le navrement de ma solitude sous la mousseline de mon moustiquaire, sur mon lit-pagode qui rutile de laques et de dorures à la clarté de mon lumignon pétroleux. Mais, cela ne va pas depuis plusieurs heures. Tout un jour, j'ai pataugé dans du sang — sans le vouloir, et, comme si j'étais une fillette, mes nerfs s'horrifient en plein, *à présent qu'on n me regarde plus.*

Hier soir, c'était un de nos deux éléphants, un

géant double de son congénère du Jardin des
Plantes, un monstre à qui les évaluations les
plus modérées donnent 150 ans, qui, une demi-
heure après s'être agenouillé devant moi, sur
l'ordre de son cornac annamite, devient fou furieux et tue deux hommes, dont le dit cornac. Ça
a été horrible ce coup de défense qui éventra le
misérable, mais plus horrible a été l'acharne-
ment de la bête. Des heures durant, elle a gardé
le cadavre jeté par elle dans une mare, et, à
chaque mouvement de la foule, elle arrachait un
lambeau du corps. Pouah! Cette après-midi on
l'a tuée; non sans peine. Un coup de canon-re-
volver l'a fait se secouer seulement, mais un
lieutenant de turcos l'abattit d'un coup de fusil
dans l'oreille. Je viens de revoir le corps — une
montagne — et la tête. Demain nous mangeons
les fins morceaux : trompe, pieds et ... une seconde trompe innomable que le gouverneur indi-
gène fait accommoder en mon honneur.

Cette tête à la lueur des torches m'a presque
fait peur. On l'avait coupée depuis un instant et,
baignée dans son sang, elle était inouïe. Je n'oublierai jamais l'œil de cette brute. Tu sais, ce
petit œil à la fois idiot et fin, minuscule pour la
masse. Il semblait vivre encore et me regarder.
Cela m'a fait mal. L'odeur du sang peut-être.

C'est ridicule ce que j'avoue là, mais il faut te
dire que, quelques heures avant, j'avais vu déca-

piter au sabre — hacher plutôt — trois pirates.
Tu verras cela dans ma mécanique pour le *Figaro*.
Je n'ai rien exagéré. Au contraire. Ainsi je n'ai
pas ajouté que pour ne pas être mêlé à la foule
puante des indigènes, j'avais fait avancer mon
cheval à deux pas des suppliciés. Au second coup,
ma bête a reçu un jet sanglant en plein poitrail,
et mon tapis de selle en a été éclaboussé.

Or, tantôt en rentrant, comme je me débottais,
j'ai retrouvé du sang à mes semelles et sur mes
éperons. Ce doit être, c'est du sang de l'éléphant ;
mais je n'ai pas réfléchi tout de suite et le cœur
m'a manqué.

Ces émotions fortes sont douces — une fois
passées. Cela fait vivre. Aussi bien je les bénirais,
si tout à l'heure, ma tête sur l'oreiller, je pouvais,
en les repassant, éviter la vision ressouvenue
de ton alcôve, le minant regret des nuits perdues !

Baste ! on se cornifiera bien comme les autres !
Les *pépitiers* du Tonkin, que Rochefort arrange si
bien, ne me subventionneront pas si je reste un
sensitif bébête !

A revoir, Colombe. Il est bien minuit, ou pas
loin, et le bateau part à deux heures. Je vais
réveiller mon ordonnance — un turco — qui portera cette lettre à bord. C'est loin le quai, il pleut
et il fait noir en diable à se casser les reins à tous
les coins ; mais je sacrifierais bien une armée,

moi, pour ne pas manquer une occasion de te dire :

Je t'aime !

Ton PAUL.

P.-S. — A cette heure, tu dois jouer un bésigue avec Dewintre. Je viens de t'évoquer, le rire aux lèvres, très oublieuse, et très jolie.

Sais-tu l'effet de tes lettres ?

Hier au soir, je me suis remis à l'opium que j'ai fumé jadis, à la Martinique. Je me suis ingéré mes cinq pipes de poison, et j'ai savouré l'abrutissement stupéfié, qui a fait ma nuit sans rêves, ma soirée sans souvenirs. Aujourd'hui, dans un mess, j'ai pris la banque, taillé un bac, au risque de me trouver ici ruiné. Tout cela volontairement, pour le plaisir de faire et de me faire du mal. Je ne recommencerai pas avant le prochain courrier ; mais à chaque fois que tu me rendras malheureux, je me vengerai ainsi sur *moi-même*. Je verrai bien jusqu'où tu iras.

Je veux bien te prouver que je suis entre tes mains et que tu feras de moi ce qu'il te plaira.

Des gens m'envient, me disent bien heureux ; moi qui sais le passé, qui compte ce que la vie me doit pour les souffrances anciennes, j'exige qu'elle s'acquitte envers moi. Et je lui demande l'amour — l'amour que tu m'as pris et que tu dois me rendre.

Je t'embrasse.

PAUL.

Hanoï, 3 mars, soir, ou 4, matin.

Ma chérie,

Je viens de recevoir tes deux courtes, tes deux méchantes lettres, et je suis bien heureux !

Oui, bien heureux, à cause du portrait ! Tout d'abord, j'ai découvert celui de chez Boyer dans ce costume que j'aimais tant ; le second, une autre pose, et de chez Nadar.

A cette heure, ils sont tous les deux étalés devant moi, sur ma table, et, tout en écrivant, je les caresse du regard dans une jouissance silencieuse. Mon Dieu ! que c'est idiot et que c'est bon ! Et dire que j'ai longtemps refusé ce bonheur-là, que je me suis cabré pour ne pas *être pris*, pour ne pas t'aimer, pour rester libre, le cœur sec !

Et vois si je t'aime, et, en même temps, vois si je suis égoïste ! La joie d'avoir ces portraits m'a fait tout oublier, la dureté de tes lettres, leur cruauté froide et les mauvaises nouvelles que tu me donnes.

Il m'a fallu tout relire deux fois et retourner ces photographies troublantes, humides déjà de baisers, pour comprendre, pour deviner, pour souffrir.

Par exemple, ce fut aigu comme une aiguille, lancinant comme une incision au bistouri. Et,

9.

pendant cinq minutes, je restai, hébété, morne,
dans un navrement plein de stupeur.

Je ne vis que la méchanceté atroce de tes deux
lettres. Ecoute, quoi que je t'aie fait, tu te venges
trop ! Je t'ai donné trop d'amour, trop de tendresse vierge, tu as été trop ma première et seule
passion pour ne pas me pardonner si je t'ai fait
souffrir. Encore n'ai-je fait souffrir que ton amour-
propre... Mais, peu importe ! je te demande pardon à deux genoux. Impose-moi ce que tu voudras, venge-toi de toutes les façons, mais aime-
moi encore, *ne m'abandonne pas.* Je t'aime, te
dis-je, je t'aime comme un fou, de tout mon
pauvre cœur. Est-ce ma faute si je suis l'homme
que tu me reproches d'être? C'est la vie qui m'a
fait ainsi. La connais-tu, ma vie? QUE SAIS-TU DE
MOI? De mon passé des choses qui m'ont laissé
détraqué, sans forces, et mort à tout ce qui n'est
pas mon art?

Je ne suis pas un fort ! Comme c'est bien
femme, ce reproche ! La femme a besoin qu'on la
domine, qu'on soit son maître. Dans notre liaison, j'ai été la femme, et au lieu de me plaindre,
tu me prends en pitié. Demain, tu me méprise-
ras ! Parbleu ! tu es dans ton rôle. Cela t'amusait.
Ah ! va, je t'ai bien disséquée pour te mettre
vivante et nue quelque jour, dans un roman
qui puera comme la vie, et fera peur comme elle,
mais sur lequel on frissonnera et l'on pleurera,

si les hasards me laissent au ventre ce que j'y sens grouiller. Apporte-moi du talent, en échange des larmes que tu me coûtes, et si je n'en crève pas, si je puis tuer la petite flamme, m'anesthésier le cœur, je ferai quelque chose.

Je viens de les mettre dans mon sous-main, tes photographies maudites, ta tête de rieuse sans cœur. Es-tu assez comédienne et faut-il que je sois assez jeune, assez naïf pour t'avoir adorée, pour t'adorer encore, malgré tout! Oui, je l'ai cachée, cette tête que je baisais tout à l'heure. Manet t'avait devinée. Son pastel, c'est toi, bien toi, décidément. Tu fais joujou avec moi et ça t'amuse de me faire de la peine, pour parler ta langue, de me casser les reins, pour parler la mienne. Je souffre, je voudrais n'en pas réchapper, et cela t'amuse! Tu m'as bien, avec ta férocité de femme, montré des lettres où on te disait ce que je t'écris là. Et tu riais, contente de l'effet de ton rire sur mes nerfs, de ton rire plissant ton cou gras, et faisant des sillons à baisers!

Alors pourquoi t'écrire? Pour que tu te moques de moi, pour que tu m'analyses à ta façon et, qu'en te regardant dans une glace, tu aies le sourire lassé de la femme à qui l'adoration d'un homme est chose tellement due que de cet homme elle peut faire ce que bon lui semble, et lui ouvrir le ventre comme à une poupée — pour se distraire!

« *J'ai mal vécu !...* » Est-ce ma faute ? Et que de temps pour t'en apercevoir ! Je ne sais pas imposer mon amour. Eh, mille Dieux ! parle de ce que tu sais. T'ai-je dit tout ce que j'avais enduré, pour et par toi ? T'ai-je dit où j'en étais ? Sais-tu ce que je t'ai sacrifié ? As-tu lu toutes les lettres que j'ai reçues à ton propos ? Celles que je reçois encore *ici* ? Pourquoi ne pas dire aussi que j'ai reculé devant les conséquences de notre liaison, devant les cancans, les calomnies et tout le reste ? J'ai fait mieux que de t'épouser ; je t'ai donné ma vie, ma réputation, mon avenir, tout. Je ne pouvais te donner que cela, je l'ai fait et ne crois pas avoir assez payé mon bonheur. Je voudrais que tu me demandasses autre chose, quelque chose de plus difficile et qui te convaincrait enfin. Je n'ai que ma jeune notoriété littéraire, que mon avenir.

Les veux-tu ? Si c'est cela, pourquoi des mots ? Demande-moi tout de suite un sacrifice, et choisis-le énorme, afin de me dire merci plus longtemps, lèvres à lèvres. Mais tu le vois bien que ma vie est tienne ! Regarde plutôt, je n'écris que sottises depuis que j'ai caché tes portraits, pour ranimer ma rancune, évoquer mon premier chagrin.

Pourquoi m'écris-tu des méchancetés pareilles à froid ?

Je te quitte, je vais au bout du monde risquer

ma peau, et ta première lettre n'a pas un mot du
cœur ! Tu m'y refuses le platonique baiser des
formules épistolaires.

Tu me demandes si je compte *renouer !!!* ou si
j'espère une bonne amitié !!!

Ce n'est pas notre âge, dis-tu, qui nous sépare,
c'est mon caractère... Je le répète : que sais-tu de
ma vie ? T'ai-je jamais dit de quelle horreur elle
avait été faite ? Je t'ai raconté mon deuil. Faut-il
te dire que cette chose horrible a été la continuation de choses PLUS HORRIBLES, et qu'avant même
d'être homme, j'avais épuisé la série de tous les
accablements ? J'ai la pudeur de mon *moi*. Je ne
t'ai pas dit et ne te dirai pas ce que j'ai souffert.

Mon caractère est ce que l'ont fait les hommes
et les choses.

Pourquoi le juges-tu ? Que je sois complexe ou
non, bon ou mauvais, courageux ou lâche, as-tu
le droit de voir en moi autre chose que mon
amour ? Je t'aime, et que te faut-il de plus ?

Tiens, ne parlons plus de cela. Je suis malade.
Ou plutôt si, parlons-en, pour finir d'un mot,
d'un seul.

J'exige que tu t'expliques, que tu me dises
franchement ce que je dois espérer. Je te supplie
de ne pas me faire souffrir. Sois bonne, ne cherche ni prétextes, ni excuses ; dis-moi : *C'est fini*,
sans phrases. Ou si tu veux que notre chère vie
se recommence à mon retour, ne me rends pas

l'attente plus douloureuse en m'écrivant comme tu viens de le faire. Ah! si tu pouvais me voir ici, me suivre des yeux, tu serais moins dure!

Dire que je les attendais fiévreusement, ces lettres, que je me suis rongé les poings quand le courrier est arrivé vide avant-hier! Je ne mangeais, je ne dormais plus, et c'est le commandant dont je t'ai parlé, un *aimant* pourtant, aussi pris que moi, qui devait me remonter le moral!

Je pars demain pour Bac-Ninh avec la 1re brigade: ça va être une pénible campagne, et dangereuse. Je l'aurais faite avec joie, si je m'étais senti ta tendresse avec moi; mais tu me refuses un baiser, un mot, un rien, et je pars attristé et sans courage. Rien de ta vie, rien du cœur! Et pour m'achever, tu m'annonces — sans un détail — que tu es malade. Il me manquait cette autre inquiétude. Ah, comme j'aurais bien fait de ne pas partir! Veux-tu en finir? veux-tu associer absolument nos deux vies? A présent, j'ai mon trou fait, un revenu suffisant d'assuré, une position assise. Veux-tu que nous soyons heureux, seuls ensemble, et que nous ne nous quittions plus? Je t'obéirai comme un enfant, et ma tendresse te dédommagera de tout. Veux-tu, dis? Nous serions si heureux! Oh réponds-moi vite, et donne-moi de tes nouvelles, longuement, chaque semaine. Je ne veux pas que tu sois malade. Je veux te retrouver belle et bien portante, et je vais rentrer bien vite pour te consoler à force d'affection.

Je t'embrasse éperdument.

Ton PAUL.

Hanoï, 16 mars, matin.

Si tu savais combien je suis heureux ! Depuis hier soir, je chante et je ris à tout propos. C'est que j'ai reçu tes bonnes, tes tendres, tes douces lettres trop courtes.

Ah ! si c'était vrai ! si réellement tu m'aimais comme tu me le dis ! si tu n'avais pas obéi à un mouvement d'emballage, aussitôt oublié que conçu !

A cinq heures, hier, j'arrivais : huit heures de cheval — et quel cheval ! à travers un pays où je craignais à chaque haie de recevoir un coup de fusil ; mais je savais le courrier arrivé, et je voulais te lire, à tout prix. J'ai quitté Bac-Ninh vingt-quatre heures après y être entré avec l'armée victorieuse, et j'ai filé par le plus court sur Hanoï, où, par peur qu'il ne se perdît à ma poursuite, j'avais commandé qu'on gardât mon courrier.

Quelle joie, ma pauvre chérie, quelle joie ! Alors, c'est vrai, tu l'aimes un peu ce Paul qui t'a tant résisté pour t'infliger ensuite un amour si encombrant?

Tu lui as pardonné ses faiblesses de grand enfant, ses puérilités d'homme qui n'a presque pas
eu d'enfance et n'a pas eu de jeunesse ! Tu lui as
passé ses fantaisies étourdies, ses boutades fan-
tasques, son pessimisme d'ancien souffrant ? Ah,
ma pauvre et chère Colombe, si cela est vrai, si
tu m'as dit vrai, si tu ne m'as pas envoyé la ba-
nale et stérile consolation qu'on envoie aux
exilés — par pitié, nous serons bien heureux.

Je suis ta chose, ton bien ; et quand je songe à
ce qu'il adviendrait de moi si tu ne m'aimais plus,
je ne vois qu'un grand trou noir où désespérance
et pensée se complairaient à ne plus être. Fais de
moi ce qu'il te plaira : je t'aime ! Oui, certes, je
suis un imbécile. J'aurais dû te dire ces choses
mieux et plus tôt ; mais une gêne, une *pudeur de
cœur*, une crainte sceptique d'être idiot et non
compris me les clouaient dans la gorge. De loin,
avec la torture de la séparation, cela m'est
échappé. J'étais assez sot pour me dire en t'écrivant qu'au moins je ne verrais pas ton sourire.
Que veux-tu ? Je suis ainsi : tout nerfs. Timide à
être bête, *plus timide que tu ne le supposeras jamais.*

Je me ferais tuer pour le quart d'une idée, et
je serais lâche devant une femme dont je dou-
terais. Or, j'ai commis ce crime de douter de toi.

A présent, ce m'est une douce jouissance, très
perverse et très égoïste, de te dire combien les

trois premiers mois j'ai douté de toi. Si tu es le
cœur que je suppose aujourd'hui, tu me revien-
dras aimante et fière d'avoir triomphé! Exulte
comme femme et célèbre la puissance de ta chair,
car il faut que je t'aie bien désirée et que tes
lèvres m'aient à mort ensorcelé pour que je sois
resté l'amant fidèle et infatigué dont tu as fait le
bonheur. Je t'aime, je t'aime si fort et je jouis si
fort à te le dire, que je me reproche d'avoir
trouvé ce vocable exquis tant dur à dire et que je
ne comprends plus la sottise des confrères réa-
listes qui, par horreur du banal, évitent littéraire-
ment de l'employer. Je t'aime, et je jouis en mon
orgueil d'être bête en le disant. Je ne veux plus
savoir que quelque chose nous sépare, position,
scandale, différence d'années. Je te veux mienne
— et si tu ne m'as pas menti, je t'aurai. — Je te
veux mienne, rien que mienne, jusqu'au bout.
Le jour où tes lèvres resteront froides sous mes
baisers, ce jour-là je t'aurai assez de reconnaissance pour le bonheur acquis, je te devrai trop
de joies, pour ne pas me soumettre aux décrets
de la vie, qui trop tard nous ont mis en présence.

Est-ce que, depuis le 4 janvier, j'ai une seule
fois failli à ma promesse de n'être qu'à toi, tout à
toi?

Les jours passent, et les mois; je reste orgueil-
leusement assujetti, heureux des railleries que
me vaut ma continence.

Oui, je t'aime, et comme tous les amants, après la première joie, je te trouve trop dure à mon amour curieux.

De ta vie tu ne me dis rien. Je te sais en compagnie de gens qui t'adorent, et tu ne me parles point d'eux. Moi, je trouve absurde et indésirable la plus belle des femmes, car je rapporte tout à toi. T'être fidèle m'est facile. Je ne pourrais pas te tromper — même à la façon des brutes.

Mais toi ! qui vendanges la vigne d'amour dont je cueille les grappes fleuries ! Mais toi, si tu ne m'aimes pas comme je t'aime, — et quoi que tu fasses, que sens ou cœur dominent, tu ne m'aimeras jamais ainsi que je t'aime. — Comment ne me préférerais-tu pas un caractère mieux trempé, un vrai mâle ? Pourtant je demeure heureux, béatement tranquille. Si tu mentais, tu ne trouverais pas les mots que tu as trouvés, l'empoignante impression que dégagent tes lettres.

Ce matin, en les relisant — je m'étais couché à deux heures et je les connaissais par cœur — je ne leur ai pas — pour tout dire — senti le même parfum.

Que tu m'aimes — question de mort — je n'en veux pas douter et je n'en ai pas douté.

Mais j'ai trouvé moins mordante l'impression de joie d'hier. Avec quelle palpitation j'avais décacheté la première enveloppe !

J'arrivais tout botté, tout éperonné, n'ayant

pas depuis huit jours changé de vêtements, couché dans un lit, mangé sur une assiette, et avant que de boire, de me laver, avant toute chose, je saute sur tes lettres, redoutant avec une émotion pâlissante de les trouver pareilles aux dernières. Ma joie, lecture faite, on ne la dira pas, et je ne saurais la dire moi-même.

Ce matin, l'égoïsme a repris le dessus. C'est bien court! Moi, je t'écris souvent sur mes genoux, dévoré par les moustiques ou cuit par le soleil.

Toi, tu m'expédies vingt mots en hâte. Pourquoi attendre le courrier? Ne peux-tu m'écrire une page chaque jour? Que cela te serait facile, si tu m'aimais à ma façon! Tu ne me parles plus de ta maladie, tu te soucies comme d'une bagatelle de mes pires inquiétudes. Il me serait si bon d'être malheureux avec toi! Bac-Ninh est pris, il ne reste que Hung-Hoa à saisir. Dans un mois je serai libre. Je reviendrai tout droit pour éviter tout retard, et, le 15 mai, je serai dans tes bras.

Je t'embrasse de tout mon être, de tout mon cœur.

Ma vie à toi.

Ton Paul B.

31 mars, Hanoï.

J'ai reçu tantôt un nouveau et gros paquet de journaux. Où s'était-il égaré ?

Merci pour cet envoi qui m'a arraché un moment à la banalité monotone de mes après-midi grillées.

Beaucoup de numéros se trouvaient en double dans ce paquet, numéros qui existaient déjà dans le ballot de l'autre jour ; mais j'en ai découvert d'autres annonçant ton procès. Tu es bien drôle de ne m'avoir pas dit comment s'était terminée l'affaire !

Lu aussi dans le *Gil Blas* du 6 février un bien beau morceau de H. Fouquier sur Rouher. Décidément il a un talent superbe, le portrait est rudement dessiné.

Lu aussi dans l'*Événement* du 2 une jolie mécanique de Champsaur sur les filles. C'est un peu cherché, maniéré en diable, original de convention ; mais c'est sans contredit la meilleure page que cette petite canaille ait produite. Je suis bien sot de t'écrire mes impressions littéraires ; ne m'en veuille pas ! Je tue le temps avec ces rêves d'art qui m'enfièvrent. Si je pouvais travailler, je ferais peut-être quelque chose de bien. Sans doute, je voudrais t'écrire autre chose, mais tes

dernières lettres m'ont cassé les bras. Je les lis
et je les relis pour savourer mon découragement.

Dans les intervalles, je regarde ton portrait.
J'ai eu le tort de le laisser à demeure sur l'appui
de ma croisée, dans le trou humide où je vis,
entouré de salpêtre et de moisissures. A présent,
il est piqueté. En deux orages, il s'est fait vieux.
Parfois, j'ai la pensée mélancolique que notre
amour est devenu comme lui. Les couleurs ont
pâli, les traits s'effacent ; si je le laissais là, dans
huit jours l'épreuve serait méconnaissable. Et si
je restais ici quelques mois encore, que devien-
drait notre tendresse, puisqu'à moins de trois
mois tu me parles ainsi ?

Je t'embrasse.

PAUL BONNETAIN.

A bord du *Taï-Binh*, lundi 2 avril.

C'est à peine si je puis écrire tant la machine
tressaute, tant il fait chaud, tant nous sommes
entassés ; mais je veux te causer tout de même. Je
suis trop plein de toi, et je m'impatiente à rêver
seulement, les yeux fermés, loin d'ici.

Je descends à *Haïphong*, d'où je gagnerai
Hong-Kong, où, le 14, je m'embarquerai pour
Marseille. Cette lettre t'arrivera donc vingt-quatre

heures avant moi, car, à cause du choléra, le bateau qui aurait pu la prendre ne part point.

Le *Taï-Binh* est une chaloupe à vapeur, moins
grande que mon balcon, avenue de Villiers. Nous
sommes six officiers encaqués là-dessus, et je
griffonne cette lettre sur mes genoux, profitant
de notre échouage dans l'arroyo.

Depuis trois heures nous sommes là, en pleine
rivière, sous le soleil, ne pouvant ni avancer, ni
reculer. La machine s'éreinte sans que la chaloupe bouge. Et bien, je n'ai pas eu une minute
de colère : je relisais ta lettre dernière, celle de
Vienne, quand nous nous sommes envasés, et
j'étais joliment loin du *Taï-Binh !*

Je l'ai eue au moment de m'embarquer ; sans
cela, je t'aurais tout de suite écrit un demi-volume.
Toute une nuit, j'aurais laissé courir ma plume
pour te dire ma joie, pour te dire tout ce dont
j'ai plein le cœur. Puisque mes lettres t'arriveront
toujours quelques heures avant moi, je t'en enverrai d'autres de Haïphong et Hong-Kong ; je
veux que ces pauvres bouts de papiers te portent
mille baisers qui seront les fourriers d'avant-
garde des autres. Et puis, qui sait? je suis une
si grosse bête d'amant que je ne saurai peut-être
pas t'exprimer, comme je le voudrais, ma tendresse heureuse !

Oui, je t'adore, ma chérie, et avec joie. Il y a
des jours où je démêle bien comment et pour-

quoi, d'autres où mon amour demeure irréfléchi,
et je ne sais pas quelles sont les heures les meilleures. Au fond, je suis un égoïste. Je t'aime par
instinct et, à présent, il me semble que ça a
toujours été ainsi. Tu occupes tant de place dans
mon cœur et dans ma pensée, que je ne puis
comprendre que cette place ait été jamais vide.
Comment vivais-je donc, alors ? Ma vie était
incomplète, puisque tu ne l'occupais pas. Tout
cela c'est de l'égoïsme ; l'amour n'est pas fait
d'autre chose, d'après des gens compétents qui,
le disant, ont bien dit.

Et j'adore mon égoïsme. Après tout, c'est idiot
de s'analyser, de raisonner toujours. L'essentiel
est qu'on aime. S'il y avait eu le *coup de foudre*,
si je t'avais adorée éperdument à ma première
visite, t'aurais-je mieux aimée et t'aimerais-je davantage aujourd'hui ? Il vaut bien mieux que tu
m'aies conquis fibre par fibre, lentement ; tu me
possèdes mieux et plus entier. Lorsque pour la
première fois, en une heure noire, j'ai pensé que
tu pourrais ne plus m'aimer, lorsqu'un mot ou
une lettre m'ont fait apparaître cette éventualité,
j'ai eu un froid si grand, un brisement intérieur
si grand, que leur frisson m'en resta longtemps
sur la peau. J'ai souffert comme d'une réalité, en
pressentant ce qu'il adviendrait, et revécu ma
douleur de 82. Mais la nouvelle était plus cui-
sante, comme le sont les blessures entrant dans

les cicatrices de blessures anciennes mal guéries.

Je ne t'aime pas seulement comme une maîtresse ; tu es pour moi quelque chose de meilleur encore. Tu as ramassé ce qu'il y avait chez moi de tendresses vagues, d'aspirations confuses, de regrets et de désirs. Je n'ai que toi à aimer : je n'ai ni famille, ni ami. Tu es mon monde entier ; si j'osais, je dirais ma vie même.

Aussi, avec quelle joie je me représente mon retour et nos premiers baisers ! Ne viens pas m'attendre à Marseille, malgré le bonheur que j'aurais à te voir au quai ; j'aime mieux me refuser cette jouissance pour mieux savourer à Paris notre réunion. Tu viendras à la gare, et de là nous nous sauverons chez moi. J'aurai soin d'arriver de bonne heure, de façon à pouvoir dîner tous deux seuls, chaise contre chaise, avant de coller nos lèvres ensemble pour douze heures, sans désemparer. Veux-tu, dis ?

Je te rapporte (si nos caisses ne tombent pas à l'eau dans un autre échouage) un tas de choses.

Le lendemain, nous les déballerons ensemble, jusqu'à l'heure d'aller au journal. Va, nous les réparerons les heures perdues et les querelles anciennes ! Oh ! mon cher amour ! comme il me peuple la banalité de la vie, comme il me rend meilleur !

Voilà leur sale machine qui recommence à

vibrer. Tout danse sur le bateau. Je t'écrirai
d'Haïphong.

A bientôt ma tendresse, ma chérie, mon
amour. Je t'aime !

Ton PAUL.

Hong-Kong, 8 mai. — Victoria-Hôtel.

Ma chérie, j'arrive juste à temps ici pour jeter
mes lettres au paquebot anglais, qui part dans
une heure. Traversée très dure d'Haïphong ici.
Vais bien tout de même, et relis ta dernière lettre
pour me consoler de tout.

Deux mots seulement et pour te rassurer. Les
confrères anglais ont fait courir le bruit que
j'avais été assassiné par les Chinois dans l'île
d'Haïmam !!! Si ce canard arrive à Paris avant mes
lettres, tu n'auras donc qu'à lever les épaules.

Au fond, je ne serais pas fâché que la presse
crût cette histoire, pour savoir comment elle
m'enterrerait ! Laisse donc dire et garde-moi seulement les numéros de journaux relatant ma
perte. Dès que j'aurai pris un bain et dormi dans
un vrai lit, dans des draps — il y a trois mois
que cela ne m'est arrivé ! — je t'écrirai plus longuement. Je n'ai pu le faire à bord à cause du
tangage. Tu recevras donc une autre lettre huit
jours après celle-ci — et c'est moi que tu rece-

vras la semaine suivante. Je prendrai la malle
anglaise le 22, à cause du choléra qui règne en
Indo-Chine et me ferait faire quarantaine. Me
vois-tu enfermé à deux pas de toi sans pouvoir
t'embrasser? Oh ! non, par exemple ! Le supplice
de Tantale à un affamé comme moi?

Je t'apporte un tas de bibelots, trois caisses,
qui partiront le 19 courant par les messageries,
et que j'irai chercher à la douane, en arrivant.
Dans deux jours, j'irai à Canton, qui est à deux
pas, et je tâcherai de cueillir autre chose.

Mille baisers, mille millions de baisers. *Aime-
moi*. Tes deux dernières lettres m'ont donné une
fièvre de bonheur.

Ton PAUL.

Dis chez moi, s'il te plaît, qu'on ne fasse plus
suivre mes lettres et mes journaux.

Hong-Kong, 15 mai, 10 heures matin.

Mon Dieu ! que je rage, malgré tes conseils de
sagesse! Depuis deux jours, j'attends de Paris
des fonds que le journal doit m'envoyer. Faute
de cet envoi, je laisse partir le paquebot français. Il s'en va à midi — sans moi! Je voulais
d'abord prendre la malle anglaise le 22, mais on ne

m'y fait aucune réduction et le prix de mes ba-
gages y serait doublé. Me voilà donc cloué ici
pour quinze jours encore. Moi qui me faisais une
fête d'embarquer ! Tout à l'heure, je me serais
cogné la tête contre les murs ! Tu ne t'imagines
pas toute la bile que je me suis faite, tous les
chagrins que j'ai eus durant ce voyage qui, à
part notre séparation, aurait dû être une partie
de plaisir. Pour ne pas te causer de la peine, je
ne t'ai pas dit toutes mes misères, mais aujour-
d'hui mon cœur déborde.

J'aurais dû t'écrire plus tôt. J'attendais mon
courrier qui me court après je ne sais où ; puis,
j'étais éreinté, à bout de forces. Le sommeil et la
viande saignante (depuis des mois, je n'en avais
mangé) m'ont remis un peu. Le foie va mieux, si
l'estomac n'est pas encore vaillant. A présent,
c'est le moral qui est atteint, à présent que la
bête se relève. Et pas un mot de toi pour me consoler, me faire prendre patience ! Tes pauvres
lettres doivent me chercher au Tonkin. Je ne les
ai plus, juste au moment où elles deviennent
tendrement affectueuses, juste au moment où tes
baisers me paient des reproches anciens ! Quand
donc te tiendrai-je dans mes bras, ma pauvre
chérie ? Ce devait être le 23 juin, nous voilà renvoyés à la mi-juillet !

Et passer tout ce temps sans nouvelles, être sé-
parés par des mondes !

Toi, au moins, tu ne resteras que quinze jours sans lettres; mais moi! Tu vas être comme morte et mes rêves n'auront plus rien de tangible à caresser, ni pattes de mouches, ni papier touché par toi. As-tu reçu mes fleurs, au moins?

Je suis si bêtement fou, qu'à chaque instant je me dis : « Si elle était là ! Le pays est merveilleux, superbe. Les belles promenades que nous ferions ! » Je t'associe si bien à ma vie, que tu es mêlée à tout ce que je vois, à tout ce que j'entends. Et je suis au bout du monde. Quelle raillerie de la vie ! J'ai soif de tes lèvres à en être malade.

Je t'ai acheté quelques bibelots qui peut-être te plairont. Allons-nous nous embrasser en déballant tout ça ! Je vais ce soir à Canton où je ferai d'autres emplettes. En revenant, après-demain, j'irai à Macao.

Si tu me voyais seul, perdu au milieu de ces Chinois et de ces Anglais, tu rirais de ma figure. J'ai l'air d'un nègre, à présent, et je te ferais peur!

Je t'écris d'une chambre d'hôtel et les yeux fermés ; entre chaque phrase, je revois l'avenue de Villiers, ma chambre, ton peignoir rose jeté sur un meuble. Tu quittes tes bas et je t'embrasse les genoux...

O mon amour, comme je t'aime !

Ton PAUL.

21 mai, Hong-Kong.

Deux lettres de toi, deux vieilles lettres, m'arrivent du Tonkin, où elles m'ont inutilement cherché tandis que je me désolais du manque de nouvelles. Je ne puis par lettre répondre à tes cruelles allusions, à tes reproches. Pourquoi réveiller le passé? Tu parles d'Amsterdam : qui de nous deux a combattu avec l'autre? Et à Amsterdam, puisque tu en parles, que devais-je penser? Ah ! cette entrée à l'hôtel, cette salle où tu étais !

Je ne puis te dire la nature du sentiment que j'eus alors, et qui me poursuivit *longtemps* jusqu'au jour où tout s'expliqua ou plutôt jusqu'au jour où je t'aimai à tout te pardonner. Et de quel droit te faire des reproches? Tu es à présent convaincue que je t'aime : ne me demande que de l'amour ; laisse mon caractère, mes colères, et tout ce qu'il y a d'incompréhensible en moi. Pour que tu me comprennes il faudrait que je te dise combien j'ai souffert, combien je souffre encore, et quelle a été la précocité de la douleur chez moi. Cette précocité m'a déséquilibré, m'a laissé enfant et vieillard, m'a fait la bête tendre et sauvage que je suis.

Une semaine après l'arrivée de cette lettre, je serai en France. Je te télégraphierai de Naples.

Comme ces lignes partent demain par le courrier anglais, et que je m'embarque le 29, tu auras le temps de m'écrire. Adresse ta lettre à Naples, chez l'agent des Messageries maritimes. Je fais comme les collégiens, je compte les jours.

As-tu vu mes envois à la salle des dépêches du *Figaro?* Et as-tu reçu mes caisses? Je t'apporte un tas de choses, des broderies superbes achetées ces jours-ci à Canton, des robes chinoises. Pourvu que tu sois contente!

Je garderai ce dont tu ne voudras pas, les armes et les chinoiseries vulgaires. Tu me feras travailler, tu entends? J'ai beaucoup de besogne à terminer avant décembre. Use de ton pouvoir sur moi. Tu me feras bûcher. Pour toi, je serai capable de tous les efforts, de tous les courages.

Si tu m'aimes, ma vie sera belle et j'oublierai mes cauchemars anciens.

J'ai laissé ce pauvre commandant au Tonkin. Je le plains quand je regarde ce qui ce passe en moi; quand je mesure ma fièvre de retour.

Le sacrifice, c'est toi qui le ferais; *mais tu le feras si tu m'aimes et j'ai assez de courage, assez de confiance en mon amour pour pouvoir l'accepter.*

Le 8 juillet, j'espère être à Paris.

Tu seras à la gare, et je te prendrai pour ne plus te lâcher.

TON PAUL.

CHAPITRE V

Un homme averti en vaut... trois. — La beauté. — La
plus jolie femme de Paris. — Jusqu'où peut pousser
la jalousie pour un baryton. — Le réveillon chez
la comédienne. — Origine de *Sarah Barnum*. — Le
duel de Mirbeau avec Bonnetain. — Surprises et
vendanges.

De Lyon, Marie écrivit à Rive-de-Gier; elle
demandait à Richarme de venir la rejoindre.
Il arriva, encore tout enfiévré de ce qui venait de se passer. Dans son bonheur de la
revoir, il l'assurait qu'il n'avait qu'un désir :
lui rendre la vie heureuse et facile. C'est
d'elle que lui viendraient la force et le courage, nécessaires pour résister aux épreuves
par lesquelles il passait. Heureusement, il
avait en mains un outil merveilleux : ses

usines et les brigades d'ouvriers hors ligne qu'il avait formées.

D'ici peu, il comptait bien avoir liquidé la dette qu'il avait contractée à la suite du krach. Alors, il serait libéré envers sa maison.

Marie resta à Lyon une semaine. Richarme partait pour Rive-de-Gier le matin ; il ne revenait que le soir, pour dîner avec elle. Il avait le regret d'être retenu chez lui et de ne pouvoir s'absenter. Il lui eût été si agréable de prendre des vacances, lui aussi, d'aller passer quelques semaines en un coin de campagne, parmi les verdures. Mais il était à la chaîne : la prospérité de ses affaires était en jeu. Il fallait les surveiller, avant tout.

Marie ne voulait ni rentrer à Paris, ni se rendre dans une ville d'eaux, où son nom aurait pu être cité. Elle se décida à aller en Suisse.

Une de ses amies, installée à Beaurivage, sur les bords du lac, lui en vantait les attraits : elle irait la rejoindre. Tous les journaux parlaient du retour de Bonnetain. Richarme dut se rendre compte du motif pour lequel Marie désirait s'éloigner ; aussi lui témoigna-t-il

une grande tendresse, et une confiance entière dans l'avenir. A son retour de Suisse,
elle prit Richarme à Lyon; ils rentrèrent
ensemble à Paris.

Un jour, elle allait voir M. Andrieux à son
journal avec un mot de Richarme appuyant
sa demande d'un article sur *Mères et Filles*,
un de ses livres.

— Alors, lui dit l'ex-préfet de police, vous
faites maintenant de la berquinade ? Vous
briguez le prix Montyon ?

— Oui, c'est ce que disent les journaux à
propos de *Mères et Filles !* Moi je, prétends
que c'est un livre très immoral ; jugez-en :
Voilà une jeune veuve que la mort d'un
mari adoré a ruinée, et qui prend un vieil
amant pour son argent : son excuse, c'est son
enfant, dont elle veut la vie large et facile ;
D'un autre côté, c'est une autre veuve, qui a
un amant jeune et une fille qui grandit :
celle-ci finit par épouser l'amant de sa mère,
en connaissance de cause. Il est vrai qu'elle
est jolie ; mais comme son père lui a laissé
une grosse fortune, tandis que la mère n'a
qu'une situation très modeste, on peut se

demander, devant l'infamie de l'amant, si
c'est la fille ou la dot qu'il épouse. Et voilà
ce que vous appelez de la berquinade ! Tenez,
vous êtes tous des moutons : le premier
article qui paraît sur le livre, donne le ton,
tous les autres suivent. Après tout, quand
on brûle la vie comme vous le faites, on n'a
guère le temps de lire des romans. Il faut
un coup de scandale !

— Oh ! oui, *Sarah Barnum* !...Je ne vous
blâme pas, notez bien ! Parlons-en !...

— Oh non ! n'en parlons pas, au contraire !
On en a assez dit là-dessus. Mais vous-même,
monsieur le Préfet, il me semble que vous
avez joliment mangé le morceau dans vos
Mémoires ! Ils sont charmants, d'ailleurs,
d'esprit et de style !

— Oh ça, c'est autre chose ! Mon libraire
est venu m'offrir cent mille francs, là, tout
de suite ! Je voulais fonder un journal : j'ai
accepté. Voilà une excuse.

— Cent mille francs ! *Sarah Barnum*
m'en a rapporté deux cent mille ! J'ai cent
mille excuses de plus que vous !

A quelque temps de là, Marie, qui n'avait

pas cessé d'être dans l'intimité de madame
de Rute, se trouvait dîner chez elle avec l'ex-
préfet, nommé ambassadeur à Madrid. Elle
avait lu dans les journaux que Gérard, l'ancien lecteur de l'Impératrice d'Allemagne,
était appelé aux fonctions de secrétaire
d'ambassade. Elle se souvint de la guerre de
coups d'épingle et de coups de stylet qui
avait eu lieu entre le nouvel ambassadeur et le grand tribun, dont Gérard était le
familier et la créature. Parti de si bas et
devant tout à Gambetta, dans le passé, il
espérait en lui dans l'avenir, et il faisait tout
pour servir un tel maître. Elle raconta à la
nouvelle Excellence tout ce qu'elle savait
sur le monsieur en l'engageant à se tenir en
garde.

—Que voulez-vous ? lui répondit Andrieux :
j'ai accepté, je ne puis me rétracter.

Il eut un sourire sardonique et un geste
de philosophie un peu hautaine :

— Bah, un homme averti en vaut deux.
Marie avait prédit juste. Peu de temps après
surgissait l'incident de la décoration...

—Eh bien, dit-elle à l'ambassadeur, quand

elle le revit : le secrétaire en valait trois !

— Qui aurait pu prévoir une... sottise pareille ?...

On ne s'entretenait alors que de la galerie d'Adolphe de Rothschild qui venait d'être inaugurée, des merveilles qu'elle contenait. Sur le boulevard Haussmann, Marie rencontra le baron ; elle lui parla naturellement de la fameuse galerie.

— Oui, lui répondit-il, j'en suis très fier : je laisse à d'autres les soucis et les triomphes de la politique et de la finance ; j'ai passé des années à réunir ces œuvres d'art, et c'est moi qui en ai dressé le catalogue. Par testament, je laisse à la France ma collection. S'il vous plaît de la visiter, écrivez-moi un mot ; je vous en ferai les honneurs moi-même.

En rentrant chez elle, elle trouva le prince d'Hénin qui venait lui rendre visite ; elle parla de la rencontre qu'elle avait faite, et le prince de lui dire :

— J'étais à l'inauguration : c'est superbe ; mais ce qui était plus superbe encore et plus impressionnant que toutes ces merveilles d'art, c'était l'entrée de la duchesse de Chaulnes dans la galerie. Elle s'est arrêtée un instant sur le seuil. Un rayon de soleil l'éclairait ; elle était coiffée d'un grand chapeau noir, orné de plumes d'un rose pâle, qui rehaussait l'or de ses admirables cheveux.

» Certes, j'ai vu dans le monde de bien jolies femmes : madame de Pourtalès, la princesse de Sagan, entre autres, mais jamais je n'avais admiré une beauté aussi complète, et d'un éclat aussi victorieux. Toute la joie de vivre resplendissait dans ses grands yeux, pareils à des fleurs lumineuses, et dans toute sa personne. »

Ce fut Scholl qui, dans une chronique, dévoila au public la faiblesse de la pauvre duchesse de Chaulnes. L'amant attendit le chroniqueur au restaurant où il avait coutume de déjeuner, et dans sa fureur lui lança un siphon qui l'atteignit dans l'estomac.

Les deux hommes se battirent. Aujourd'hui la duchesse est morte de désespoir, dans la solitude et l'abandon. et les anciens adversaires sont les meilleurs amis du monde. Pauvres femmes !

Bonnetain, désemparé par la rupture définitive, n'ayant plus l'espoir d'une réconciliation possible, était reparti pour l'Extrême-
Orient, avec le projet d'en rapporter une
étude vécue sur l'opium ; de là l'origine du
volume qui porte ce titre.

Un jour, à un dîner chez Marie, on causait
des uns et des autres ; en parlant de madame
X... ou de madame Z..., quelqu'un s'écria :

— C'est la plus jolie femme de Paris !

— *La plus jolie Femme de Paris*, dit
Marie, voilà un titre ! Toutes les femmes
voudront s'y reconnaître ! Le titre me séduit et je fais le roman.

— Et moi, je le publie ! réplique Valentin
Simond, le directeur de l'*Écho de Paris*.

Et tous de se récrier :

— Oui, c'est vraiment un titre pour votre
journal.

— Qui allez-vous mettre en scène ? de-
manda-t-on à Marie.

— Oh ! cela, par exemple, je n'en sais rien.
Le titre me séduit, c'est tout ce que je puis
dire. Il y a bien peu d'existences qui offrent
assez d'intérêt pour défrayer tout un roman ;

je ferai comme les grands sculpteurs : je prendrai plusieurs modèles, voilà tout.

Il fut convenu que Marie irait à l'*Echo* pour causer du projet avec Valentin Simond : on tomba d'accord sur les conditions.

Richarme allait partir ; pour mieux travailler, Marie s'installa chez son ex-femme de chambre, qui s'était retirée en Picardie. Elle resta là un mois, rassemblant ses souvenirs, coordonnant les histoires, les anecdotes qu'elle se rappelait, les adaptant aux situations inventées par elle.

Le retour de Richarme l'obligea à rentrer à Paris, ou plus exactement à Ville-d'Avray, où elle s'installa chez Cabassud. Elle se levait au jour, travaillait jusqu'à dix heures, puis on déjeunait. Richarme allait à ses affaires. Après deux heures de sieste, elle se remettait au travail, que suivait une heure de promenade à travers bois.

Puis, le retour de Richarme, le dîner, un bésigue, et bonsoir ! On se levait tôt, on se couchait de même. Pas de maison à tenir, pas de service à surveiller ; on payait à forfait. Des amis, des amies venaient souvent

lui demander à dîner. Un prix avait été fixé.
Tous les matins, la femme de chambre venait lui soumettre le menu. Débarrassée de
tous les soucis matériels, elle pouvait se consacrer complètement au travail.

Un jour, on dînait dans le jardin, au rez-
de-chaussée d'un petit pavillon entouré de
plantes grimpantes qui dégringolaient en cas-
cade fleurie le long des murs et de la croisée,
masquant légèrement la vue des lacs. Marie
avait quelques amies, et leur racontait une
histoire qu'on venait de lui servir dans la
journée.

Madame Maurel, la femme du grand chanteur, avait loué, pour la saison, une villa au
Vésinet, où habite l'amie qui conte cette
anecdote.

— Un matin, dit celle-ci, madame Maurel
arrive chez moi, en coup de vent; j'étais au
bain. A peine entrée : « Vous êtes liée avec
mademoiselle Colombier? demanda-t-elle,
puisque c'est chez vous que je l'ai rencontrée.
Avez-vous de son écriture? — Non, je ne
conserve pas de lettres, à moins d'un cas
spécial! Il faudrait chercher, et je suis dans

mon bain. Mais pourquoi voulez-vous l'écriture de Colombier? — Voilà! Depuis quelque
temps, Victor se dérange; nous sommes à la
campagne et il passe sa vie à Paris. » S'il n'y
avait pas eu le nom de Colombier, je ne me
serais pas émue : les infidélités du baryton,
c'était pour moi un sujet un peu trop res-
sassé : il n'y avait pas de semaine où la bonne
dame ne vînt me narrer, en détail, toutes ses
suppositions vraies ou fausses là-dessus : elle
avait tellement besoin de s'épancher! Mais,
cette fois, une amie se trouvait en jeu;
je sors de mon indifférence habituelle :
« Voyons, qu'est-ce qu'il y a? — Figurez-
vous que j'ai beau faire des observations à
Victor sur ses absences : il fait la sourde
oreille. Il va déjeuner à Paris. Il dit qu'il a
des affaires. — Mais Colombier, dans tout
cela? — J'y arrive. Ce matin, Victor reçoit
une lettre, regarde l'écriture, se trouble, la
fourre dans sa poche, sans la lire. Je me dis :
« Bon, c'est d'elle! » Je sentais bien qu'il ne
la lirait pas tant que je serais là : je sors de
la chambre, et je dis à ma fille d'y aller,
d'avoir l'œil au guet. Elle entre; elle le voit

ouvrir un meuble intime, jeter dans la por-
celaine des papiers déchirés. Elle vient me
raconter la chose. Je me dis. « Bon, la lettre ! »
Il part pour Paris. Alors, nous vidons le con-
tenu du vase : les petits morceaux de papier
restaient collés au fond ; nous les retirons,
nous les rajustons sur une planche. Dame !
c'était un jeu de patience peu agréable et
pas commode : les morceaux étaient si petits ! Enfin, nous nous sommes parfaitement
rendu compte que c'était un rendez-vous, et
qu'il y avait Marie Colombier. Alors, je me
suis rappelé l'enthousiasme qu'elle lui avait
montré le lendemain de *Zampa* ; il lui avait
donné une loge ! C'est à ce moment-là que ça
a dû commencer. » Moi, je protestais : « Je
vous assure que vous vous trompez ; je connais toute la vie de Colombier, et il n'y a pas
place pour Maurel. Je vous assure que de ce
côté vous pouvez être tranquille. — Expli-
quez-moi donc alors pourquoi elle donne
rendez-vous à Victor ! Car, enfin, il y a bien
Marie Colombier sur les petits papiers ! —
Que voulez-vous que je vous dise ?... » Le
lendemain, la bonne dame s'amène dans

l'enchantement : elle avait retrouvé son Victor, mais le Victor des premiers temps! Et elle racontait, donnait des détails avec une complaisance!... C'était si drôle de voir cette femme au visage parcheminé, maquillé, à la tignasse de clown d'un rouge à faire crier au feu, se délecter au souvenir de ses joies d'alcôve. « Mais enfin, lui dis-je, COLOMBIER? Vous a-t-il expliqué?... — Ah! taisez-vous, ma chère amie! Quand j'ai montré la planche à Victor, il a ri, il a ri! à être malade. C'est une femme qui le bombarde de lettres et qui signe Marie : elle lui donne rendez-vous rue du Vieux-Colombier. »

Là-dessus, les convives de Marie de s'esclaffer, comme avait dû le faire Maurel. Tout à coup, leur faisant écho du cabinet au-dessus, partent les mêmes éclats de gaîté; on s'arrête, on écoute, mais le silence d'en bas amène le silence d'en haut.

A quelques jours de là, l'amie qui avait conté le fait à Marie lui dit :

— Vous savez, quand vous raconterez des histoires que vous voudrez tenir secrètes pour tous ceux qui ne sont pas de votre

cercle, défiez-vous et parlez bas. Le maëstro
Massenet dînait avec quelques amis au-dessus de vous : il y avait son éditeur, quelques
artistes. Ce qu'ils se sont amusés à l'histoire,
ce n'est rien de le dire !...

Au bout de quelques semaines, Marie ap-
portait à l'*Echo* son manuscrit ; Valentin
Simond chargeait un de ses rédacteurs,
M. Monprofit, de le lire, le rapport le plus
élogieux en était fait, et, peu de temps après,
l'*Echo* publiait le roman avec une grosse
réclame. *La plus jolie Femme de Paris* était
depuis deux semaines en cours de publication, quand le secrétaire de Marie passa au
journal pour régler avec le caissier le compte
des lignes. On remit l'argent à Marie : elle
fut étonnée du chiffre. Il dépassait ses prévisions.

Le mois suivant, qu'elle avait touché inté-
gralement, lui donna encore une plus grande
surprise. Elle s'en ouvrit à Henry Simond :

— Vous n'avez pas votre compte ? lui demanda-t-il.

— Mais, au contraire, je l'ai trop.

— C'est moi qui l'ai établi : mon père ne

vous avait-il pas promis verbalement que si
la *Plus Jolie* faisait monter le tirage de
l'*Echo*, — ce qu'aucun feuilleton n'a jamais
fait, — il vous donnerait le prix que vous
demandiez? Eh bien, vous avez fait monter
le tirage de plusieurs mille : mon père tient
sa promesse.

Un grand réveillon fut organisé chez Marie pour fêter ce succès. Le charme de son
salon, c'était qu'on n'y faisait pas de politique, bien que les hommes politiques eussent coutume d'y fréquenter. Elle avait su
garder les bénéfices de la neutralité, résis-
tant aux conseils de ses amies, et tous les
partis se rencontraient chez elle. A côté
d'Henry Maret, on y voyait le comte Mau-
rice d'Andigné; Cornély, le leader actuel du
Figaro, d'Obedine, Arsène Houssaye, Armand Silvestre; Jules Jaluzot, le grand
maître du *Printemps*, qui représente, de
façon brillante, la Nièvre au Parlement.
C'étaient encore Valentin Simond, son fils
Henry, et son neveu, qui, profitant d'une
permission de vingt-quatre heures, était
venu réveillonner en tenue de soldat; Ca-

tulle Mendès, Henry Bauer, Paul Adam;
Egly, l'agent de change; Antony Mars,
Georges Thiébaut; Samuel, directeur des
Variétés; Maxime Boucheron, l'auteur de
Miss Helyett; Georges de Labruyère,
Rzewuski, l'auteur applaudi à la Porte-
Saint-Martin; Paul Ferrier, le baron de
Vaux.

Richarme, ayant rencontré le monsieur au
nom de clown, l'avait invité. C'était la première fois que Marie se retrouvait en face de
lui. Elle était un peu gênée, mais quoi! c'est
le monde, — même le grand, — ces aven-
tures-là.

Le sexe joli était représenté par Marie
Berger, qui avait rompu son engagement
avec le théâtre Michel; les sœurs Invernizzi,
Marie Defresne, Marthe Duvivier, Lucie
Chassaing, Marie Sasse, la créatrice de l'*Afri-
caine*; Rosita Mauri, tout heureuse des
compliments qu'on lui adressait sur son
triomphe dans la *Korrigane*, celle dont Ban-
ville disait : « Lorsque celle-là danse et joue
sa comédie sans paroles, toute sa face vit,
s'anime, s'indigne, caresse, menace, irrite,

adore, avec une merveilleuse justesse, et si
franche ! Et on y voit le naïf contentement
d'avoir étonné les anciennes reines de l'Opéra,
qui avant que la jeune Korrigane s'élançât
sur la scène, vaillante, ingénue, rapide, heureuse, et faisant clic-clac, ne l'avaient pas
entendue venir avec ses petits sabots. » Il y
avait la belle madame Manoury, Séverine, le
brillant écrivain, à l'aurore de sa renommée.
A minuit, Manoury, de sa belle voix, avec ce
grand style que tous admirent, entonnait le
Noël d'Adam.

Après avoir applaudi le chanteur, on ouvrit
les portes du grand salon, où Marie avait
ménagé la surprise d'un grand arbre de Noël,
brillamment éclairé. Elle avait passé l'après-
midi à y attacher des lots ravissants. Il y
avait de tout : des boîtes et des montres
Louis XV authentiques, des bibelots de vieil
argent, des bouts de vieil alençon, du point
d'Angleterre, des poupées de toutes les tailles,
habillées dans tous les costumes, un Mé-
phisto, un petit pâtissier, etc., etc.

La tombola fut tirée, à la grande joie de
tous, surtout des femmes, qui poussaient des

exclamations triomphantes, chaque fois que le sort leur attribuait un objet convoité, et intriguaient auprès des hommes pour obtenir ce qu'ils avaient gagné. Après la tombola, le souper eut lieu à la grande table, dans la salle à manger, et par petites tables de six couverts dans le petit salon. Chacun se plaça à sa fantaisie, Marie et Richarme faisant les honneurs de la grande table. Marthe Duvivier accepta de présider au souper dans le petit salon. Ensuite, on causa, on dansa, on chanta. Lucie Chassaing, ambitionnant des succès plus sérieux que ceux qu'elle avait obtenus jusqu'alors dans des rôles où elle montrait ses belles jambes, fit entendre une jolie voix, à la grande satisfaction de son professeur, Marie Sasse.

On se sépara au soleil levant. Quelques jours après, la demoiselle aux belles jambes vint rendre visite à Marie. Elle raconta que le monsieur au nom de clown l'avait reconduite chez elle, jusqu'au lendemain. Il lui avait envoyé deux gros billets bleus avec P. P. C.

Elle comptait si bien avoir fait une con-

quête durable qui la remettrait à flot, qu'elle
ne pouvait dissimuler sa déception. « Il m'a
prise au cachet, disait-elle. — Bah ! vous en
prendriez l'abonnement quotidien ! » Depuis,
elle s'est vengée sur la famille. Le neveu a
réparé le dédain de l'oncle : elle est en train
de le grignoter ferme, et cela à la grande
joie des pontés du Casino d'Aix, car la demoiselle aurait inventé le jeu, s'il n'existait
pas.

A quelques jours de là, Marie reçut la visite
du baron de Billing : il revenait d'un grand
voyage en Algérie et en Tunisie. Il s'était re-
marié, et devinez avec qui ?...

Par exemple, c'était bien Marie qui en était
la cause, lui dit-il : elle garderait cette mauvaise action sur la conscience.

Pourquoi n'était-elle pas venue vendanger
en Bourgogne, comme elle l'avait promis ?...

Enfin, il ne savait pas comment cela s'était
fait, mais il avait fini par épouser madame de
Bargilly. La partie de vendanges en Bourgogne avait été décidée chez Marie où l'ex-ma-
dame de Bargilly fréquentait : de Billing

la connaissait depuis si longtemps ! Elle était
liée avec sa première femme, ses fils amis
de son beau-fils. Ah ! vendange, voilà bien
de tes surprises !

CHAPITRE VI

Voyage nautique. — A la découverte du bon plaisir. — En panne ! — L'Opéra aux Halles; la soupe aux choux.

A onze heures du matin, un bateau-mouche arrivait du garage d'Auteuil, monté par le directeur de la Compagnie, l'aimable M. Chaize. A la berge du Pont-Royal, M. Lasson, l'heureux propriétaire de la maison Potel-et-Chabot, attendait déjà : il était venu surveiller lui-même l'embarquement de ses maîtres d'hôtel, de ses marmitons et du matériel. Et c'était un va-et-vient empressé du personnel, de la voiture au bateau.

Penchés sur le quai, qui dominait le fleuve, les curieux s'exclamaient sur les paniers de champagne et de bordeaux, les immenses casseroles, les monceaux de vaisselle et d'argenterie, qui devaient servir à un repas de cent personnes.

Le bateau était pavoisé et fleuri avec coquetterie. Dès la première heure, un gentil bataillon de fleuristes était accouru au débarcadère, pour lui faire une toilette de fête ; leurs mains prestes avaient assemblé en une guirlande géante les feuillages et les roses, que retenaient, de place en place, d'énormes gerbes et de gros nœuds de ruban rose et rouge. L'avant et l'arrière de l'embarcation étaient masqués par de gigantesques massifs de rhododendrons, aux cimes touffues, admirablement étagées. Un côté du bateau avait été abandonné aux cuisiniers qui y installèrent leurs fourneaux ; de l'autre côté, faisant vis-à-vis, se trouvait un orchestre de jeunes filles hongroises.

Elles portaient le pimpant costume national, la tunique bleu-de-ciel très ajustée à la taille, les brandebourgs militaires, les bottes, et le bonnet d'ordonnance était crânement planté sur leurs têtes comme celui des fringants officiers de cavalerie légère, chanté

par le maëstro Suppé. On n'était pas encore
blasé sur l'éternel tzigane qui encombre les
restaurants de jour et de nuit à Paris et dans
la banlieue, et ces jeunes filles, avec leur
costume d'une grâce à la fois mutine et guer-
rière, étaient un « numéro » inédit.

D'ailleurs, il courait sur les petites musi-
ciennes une légende d'imprenable chasteté
qui intriguait. Elles étaient sans doute venues
pour récolter une dot, tout en faisant applaudir la musique fantasque et légère de leur
pays.

Dans l'entrepont, divisé par des tentures,
un petit salon et un cabinet de toilette étaient
réservés aux dames, tandis que l'autre escalier, celui affecté d'ordinaire aux passagers
de seconde classe, était disposé en fumoir
pour les hommes.

M. Chaize avait bien fait les choses : c'était
une galanterie qu'il offrait à l'auteur de la
Plus jolie Femme de Paris.

Marpon et Flammarion attendaient leurs
invités sur la berge. Marie avait prié ses éditeurs, qui offraient à leur auteur préféré
cette superbe fête, de lui réserver le choix

des invitations féminines. De retour à Paris, après son second voyage en Orient, Bonnetain leur avait demandé une invitation. Malgré le temps et l'absence qui l'avaient complètement guéri, Marie craignait que sa présence dans cette fête ne jetât une ombre sur la joie de Richarme ; elle déclina la demande.

Tout le monde s'étant embarqué, on leva l'ancre.

Quand les tziganes attaquèrent la *Marche de Racokzy*, que l'Exposition avait fait connaître, mais qui n'était pas encore vulgarisée, ce fut un hourra général poussé du bateau, en réponse aux curieux qui, de la berge et du pont, souhaitaient bon voyage aux touristes en agitant leurs mouchoirs et leurs chapeaux : l'incident avait mis tout le monde en gaîté !

Quelques retardataires rattrapèrent le bateau en suivant en voiture le long des quais : ils le rejoignirent à la première écluse près de Bercy. On était maintenant en pleine campagne. Les invités furent priés de descendre dans l'entrepont pour permettre aux maîtres d'hôtel de dresser le couvert, ce qui fut fait en un quart d'heure.

La table offrait l'aspect le plus engageant avec les drapeaux et les guirlandes de fleurs surplombant de tous côtés ; elle tenait tout le milieu du pont et des roses effeuillées la couvraient de leurs pétales odorants, mettant en relief les corbeilles de fruits. On s'était levé matin, prouesse assez rare pour des gens de plume et des femmes de théâtre, que leur métier oblige à se coucher tard.

Le menu, fantaisie charmante improvisée par Armand Silvestre, passait de main en main :

MENU

Pour calmer la ferveur des premiers appétits,
Nous vous offrons d'abord des *hors-d'œuvre assortis*,
Puis le *melon glacé*, qui met le ventre à l'aise ;
Puis la *truite gelée à la sauce française* ;
Filet de bœuf à la parisienne, s'entend :
La Parisienne, en tout, porte un ragoût tentant.
Glorieuse à l'égal des plus nobles trophées,
Voici la galantine aux poulardes truffées ;
Puis le *merle de Corse*, en pâté, convaincu,
Dont le bec est safran comme un nez de cocu !
Pour séduire le Tzar, procédé plein d'astuce,

Nous vous effrons encore une *salade russe.*
Faites attention à la *bombe* qui suit.
Rassurez-vous, madame ! une bombe sans bruit ;
Bombe aux fruits, s'il vous plaît, pêches, fraises, sur-
Où vos lèvres mettront de nouvelles cerises. [prises,
Desserts très variés et suivant la saison,
Bordeaux retour du Gange et champagne à foison,
La fleur de Saint-Galmier, l'eau *Noël,* elle-même !
Un lunch suivra de près, félicité suprême !
On embarque, messieurs, plus qu'un cri sur le pont,
C'est : « Vive Colombier, Flammarion, Marpon ! »

Chacun était plein d'entrain et de verve cordiale, et s'amusait en toute franchise : on était venu pour cela. C'était une trêve aux préoccupations fiévreuses de la vie : tous en profitaient, et les gens graves eux-mêmes s'étaient mis à l'unisson. Après le déjeuner, où la maison Potel et Chabot s'était surpassée, malgré la profusion et la variété des vins, personne n'avait excédé la limite de cette gaieté légère qui reste de bon goût et de bon ton dans sa fantaisie même. On descendit dans l'entrepont, on desservit la table ; des chaises, des pliants, des bancs, des fauteuils furent installés sur le pont ; on apporta le café, les liqueurs, toute espèce de fumeries ;

puis, quelqu'un se mit au piano et fit entendre quelques accords : chacun de prêter
l'oreille. C'était Thérésa, la Thérésa des
beaux jours ; mise en verve par un repas fin,
et aussi par un auditoire d'élite, elle transporta tous ceux qui l'écoutaient.

Puis Talazac, le créateur de *Manon*, l'incomparable Desgrieux, se prodigua ; tantôt
il chantait seul, tantôt avec Marthe Duvivier
ou avec l'exquise madame Manoury, dans le
duo de *Mireille*. La beauté de madame Manoury faisait sensation dans une toilette de
batiste, brodée et garnie de valenciennes,
avec un grand chapeau de paille d'Italie,
orné de fleurs des champs, liserons, épis,
coquelicots.

Tout à coup, ce furent des éclats de rire
homériques.

Besson, le soiriste de l'*Événement*, s'était
drapé dans une grande nappe, une serviette
roulée autour de la tête à la manière orien-
tale, une autre cachant le bas du visage : il
figurait la belle Fatma. Cornély, le grave
Cornély, faisait la mère de Fatma. Improvi-
sant d'autres déguisements, Gervex, Catulle

Mendès, Henry Bauër, Vitu, Blavet, Chincholle, formant le plus réjouissant ensemble; mais le plus drôle de tous c'était, au
milieu d'eux, campé sur un tabouret, le docteur Janvier, un nègre, un vrai, du plus beau
noir, qui dominait le groupe. Les uns avaient
pris des casseroles, d'autres les couvercles,
pour imiter les cymbales, et ils faisaient entendre une mélopée monotone, sur le ton
nasillard de l'Orient, avec un accompagnement tantôt en *forte*, tantôt en *piano* : l'effet
était irrésistible.

A cette fantaisie burlesque succéda un
intermède aimable : Besson se mit au piano,
tandis que Pepa Invernizzi et Laus improvi-
saient un pot-pourri de toutes les danses
connues; elles les terminèrent par une scène
mimée d'un charme passionné, irrésistible.

Comme dans un rêve, à travers cette série
d'enchantements continus, on était arrivé à
Morsant. Une dépêche y avait précédé les
voyageurs ; ils y étaient attendus. En débar-
quant, ils aperçurent des tonnelles qui avaient
l'air d'immenses boules de roses : des roses
les surchargeaient, retombaient de tous côtés,

masquant l'entrée, et ces g⸱oriettes semblaient des massifs embaumés et éclatants,
composés de la fleur merveilleuse chantée
par Saadi : c'était une impression de féerie,
rappelant les imaginations délicieuses des
poètes persans.

Un plaisir plus prosaïque, mais très appré-
ciable, était réservé aux touristes sous ces
tonnelles enchantées ; une soupe à l'oignon
et au fromage bien gratiné y était servie,
toute fumante. Elle fut vite savourée. On remonta sur le bateau et on fit honneur au
lunch qui y avait été préparé. Le champagne,
les liqueurs circulaient. Ferdinandus, sur
son calepin, s'était avisé de dessiner le portrait de Julia de Cléry, l'aimable artiste du
Vaudeville. On s'empara du calepin, qui fut
transformé en un album, sur lequel chacun
consigna la pensée du moment.

Voici quelques-unes des fantaisies écrites
sur ces pages, au hasard de l'inspiration :

Aimer et vivre. Et au fond.
    H. BAUER.   J. CORNÉLY.
Droit au but. Une grue
    MARTHE DUVIVIER. Perd son chien

Dans la rue.
    Morale :
Toutou! Rien.
       JULES JOUY.

Je ne crains que ce que j'aime! Vous!
      THOMEGUEX.

Meglio tardi che mai.
    PRINCE DE BASSANO.

J'attends demain.
      JULES LERMINA.

A la recherche des sources... du vrai.
      PAUL STRAUSS.

De regrets l'amour est suivie,
Qui lentement sont effacés.
Trop vite s'écoule la vie,
Trop vite hélas, et pas assez.

        A. SILVESTRE.

Album! voici mon écriture!
    Sois
Très flatté de l'hommage que tu re-
    Çois!

      CATULLE MENDÈS.

Je ne sais pas écrire.
    BARON DE VAUX.
Si nous n'étions pas ici, où serais-je?
    MARIE DEFRESNE.
Avec moi.
      H. GERVEX.
La vie est si cruelle qu'on y tient toujours trop.
    YVELING RAMBAUD.

Une bonne et sincère amitié que j'ai pour Marie Colombier, et voilà!
      JULIA DE CLÉRY.
Ferme et toujours.
      TALAZAC.
En avant et toujours droit.
      TH. MANOURY.

A la *Plus Jolie Femme de Paris*, souvenir de présentation charmante.

      GASTON CALMETTE.

Busnach vint à Marie, et lui demanda s'il lui plaisait qu'il tirât de son roman une pièce de théâtre. Elle avait pour Busnach, pour son œuvre, une très vive admiration, estimant que nul n'aurait pu extraire des œuvres de Zola des pièces intéressantes comme celles qui ont pour titre l'*Assommoir*, *Pot-Bouille* et *Nana*, dont le premier acte est une comédie de l'observation la plus fine, et pourrait se jouer à part, et aurait ainsi un succès d'esprit et de parisianisme. Comme Massin était charmante dans la scène chez la tireuse de cartes!

— Comment, si je veux? Mais, je crois bien; j'en serai charmée et flattée!

On causa, on discuta. Enfin, il fut convenu qu'on se mettrait à l'œuvre. L'histoire de cette collaboration, c'est tout un poème. On y reviendra.

Tout à coup, quelqu'un s'écrie : « Tiens, nous ne marchons plus; regardez, tous les bateaux nous dépassent. » Les bateliers avaient cessé de surveiller la marche de l'embarcation, occupés qu'ils étaient à écouter et à regarder les artistes. Avec des journaux, on fabriqua des petits esquifs en papier, on les lança dans le fleuve; ils suivirent le fil de l'eau et dépassèrent le bateau-mouche.

Décidément, on ne marchait plus. Tho-
meguex et Paul Adam s'aperçurent, après
sondage, que l'hélice, en buttant contre une
pierre de fond, s'était cassée.

Bah ! on ne voulut pas s'inquiéter de ce
qu'on allait devenir. Rester là, sous ce ciel
limpide, oublieux du monde et de l'heure,
c'était une perspective qui ne pouvait
effrayer personne : on rentrerait quand on
pourrait. Des embarcations passaient : on les
élait. En voyant ce bateau pavoisé, en entendant ces rires, cette musique, ces gens
qui les appelaient, les bateliers croyaient à
une aimable plaisanterie et continuaient
leur route. On se mit à danser. Les gens
graves, le général Turr, Richarme, Cornély, Chaize, faisaient un whist, et de
temps en temps lançaient un coup d'œil aux
jetés-battus de Thérésa, de Marie Defresne,
de Julia de Cléry, charmante sous ses bandeaux noirs, et de Descorval, la fantaisie
même.

La nuit allait venir, les ombres s'allon-
geaient. Tout à coup, on avisa les lanternes
qui étaient accrochées. Dans leur prévoyance,

Potel et Chabot avaient apporté des paquets de bougies : on les alluma. Pas un souffle d'air n'en faisait vaciller la flamme.

Les étoiles grandissaient au firmament, la lune s'était levée. Flammarion, le grand astronome, frère de l'aimable éditeur, en profita pour expliquer aux passagères la situation de toutes ces constellations, d'abord, au-dessus du bateau, puis, suivant telle ou telle latitude; il annonçait, pour chaque heure, le développement de la lune, le moment où elle rayonnerait dans son plein.

Le champagne, dans les seaux à glace, était devenu sorbet; il tombait tout granité dans les coupes.

Tout à coup, on s'aperçut qu'il était dix heures et demie. — Comment! nous sommes là! Et le feu d'artifice qui devait se tirer à neuf heures à Juvisy! On devait le tirer à notre arrivée! C'était un vrai Quatorze Juillet, dont les habitants se promettaient la joie, les rives illuminées de feux de Bengale, une fête des *Mille et une Nuits!*

Chose plus grave, les dames Flammarion, les deux belles-sœurs, devaient venir prendre

leurs maris; elles allaient être inquiètes,
croire à quelque accident! Heureusement,
passe un bateau de la Compagnie : M. Chaize
se fait reconnaître, et demande qu'on envoie un remorqueur. Mais tout cela prenait
du temps. Tant mieux! et on se mit à chanter, à danser de plus belle.

— Je croyais, dit Marie à Talazac, que la
voix d'un ténor était chose si fragile et
demandait tant de précautions! Vous n'avez
pas peur de vous enrouer en chantant par
cette humidité de l'eau et de la nuit?

— Dis donc, Manoury, s'écria Talazac, s'il
fallait penser à tout cela, on ne vivrait pas!
Et c'est bon, la vie, surtout ce soir. Et puis
courte et bonne!

Hélas! il ne croyait pas si bien dire, le
brillant artiste, l'aimable compagnon! Quelques mois après, on apprenait sa mort.

Le remorqueur vint s'accrocher au bateau.
On arriva à Juvisy; il n'y avait plus personne :
rien que la voiture vide qui attendait les
Flammarion. Les hommes du bateau auxquels on avait demandé le remorqueur
avaient rassuré tout le monde à Juvisy, en

déclarant qu'il n'y avait pas d'accident sérieux. Mais ignorant l'heure où les passagers arriveraient, chacun était rentré chez soi, bourgeois et paysans.

Il fut décidé qu'on reviendrait à Paris par le premier train. Justement, il y en avait un qui stoppait quand on arriva à la gare ; sans avoir le temps de se munir de billets, on prit d'assaut les compartiments.

Les voyageurs, réveillés, se demandèrent ce qui leur arrivait. Ne voulant pas se séparer, on se blottissait les uns à côté des autres, dix ou douze dans le même compartiment. A l'arrivée à Paris, on se cherche pour se dire adieu. Talazac s'avise que, pour rentrer à Chatou, il n'aurait pas de train avant six heures trente-cinq : impossible d'attendre jusque-là dans la gare ; il était quatre heures.

— Et nous qui habitons Suresnes, s'écrie Manoury.

— Et moi qui rentre à Meudon, s'écrie un autre.

Comment faire pour tuer le temps ?

— Suivez-moi, mes enfants ; nous allons

continuer la fête. Marion, vous en êtes ; vous
ne pouvez pas nous lâcher !

Et, ce disant, Talazac prend le bras de
Marie, le passe sous le sien ; de l'autre, il
entraîne madame Manoury.

—Qui nous aime nous suive !

Et tous d'emboîter le pas : on prend les
fiacres les plus grands que l'on peut trouver, on y grimpe ; on arrive aux Halles.
M. Richarme s'excuse : il allait profiter de
la fin de la nuit, ayant pour le lendemain des
rendez-vous d'affaires. Il confia Marie au
ménage Manoury et prit une voiture.

A cette heure matinale, rien n'est plus
mouvementé ni plus pittoresque que l'aspect des Halles : c'est le moment de la criée.
Ce sont les fleuristes qui viennent faire leurs
provisions, acheter bon marché ce qu'elles
vendront très cher à leur élégante clientèle ;
les fruitiers, les marchands de volailles, les
marchands de poisson, même les restaura-
teurs parisiens, — Marie aperçoit la haute et
sympathique silhouette de Marguery, — les
marchands de comestibles, etc., etc. Talazac
était connu de toutes les vendeuses ; habi-

tant la campagne, il venait acheter lui-
même, lorsqu'il avait fait des invitations à
l'improviste, et qu'il craignait que madame
Talazac ne fût pas suffisamment approvi-
sionnée; c'était pour lui, du reste, une partie de plaisir. Son exubérante bonne humeur,
sa gaîté, jeune et charmante, son talent, une
physionomie des plus agréables, tout lui
attirait les sympathies de ce peuple des
Halles, qui aime les artistes avec un enthousiasme si naïf. Quand il arrivait, c'était à qui
l'appellerait et lui offrirait sa marchandise.

Personne, à la Halle, n'eut l'air surpris,
en voyant ces femmes aux toilettes élé-
gantes, mais toutes fripées : l'humidité sur
le bateau, les bousculades et l'entassement
pêle-mêle en chemin de fer, avaient fait
de ces robes si fraîches, si chatoyantes le
matin, quelque chose de lamentable, réduit
à l'état de tampon ces vaporeuses élégances.
Le chapeau de paille si joli était maintenant
tout cabossé; le bouquet pendait tristement,
les fleurs étaient toutes recroquevillées. Mais
les dames de la Halle en avaient trop vu pour
s'étonner de quoi que ce soit.

Talazac se mit à faire un boniment des plus cocasses :

— Tel que vous me voyez, je suis garçon d'honneur : voilà la mariée.

Et il montrait madame Manoury.

— Son bouquet d'oranger est un peu effeuillé, mais c'est une jeune veuve. Voici la demoiselle d'honneur.

Et il montrait Marie.

— Nous revenons de la noce ; oh ! une rude noce, allez ! Depuis ce matin, nous n'avons fait que boustifailler, rire, danser et chanter.

— Chanter ! oh ! monsieur Talazac, comme nous voudrions vous entendre chanter ! On dit que vous êtes si beau dans *Manon !* Mais voilà, il n'y a pas de répit dans notre métier, il faut se coucher tôt pour être à la criée : le théâtre, c'est pas plaisir de pauvres gens comme nous.

— Qu'à cela ne tienne ! Vous voyez bien mon copain Manoury, *de la Grande Opéra !* Nous allons vous en dégoiser tous les deux pour votre argent.

Et les deux grands chanteurs, se reculant

pour dominer leur public, entonnèrent le
fameux duo de la *Muette* :

> Amour sacré de la Patrie,
> Rends-nous l'audace et la fierté.

Puissant et sonore, éclatant sous la haute
voûte qui en renvoyait les vibrations magnifiques, le chant montait, montait, de ces
deux voix admirablement unies, et qui possédaient une puissance dramatique incomparable. Les deux artistes, sous l'influence
du plaisir qu'ils donnaient, de l'enthousiasme
qui les accueillait, se surpassèrent, et jamais
leurs voix superbes ne résonnèrent d'une
façon plus merveilleuse que dans ces Halles
ténébreuses dont elles remplissaient l'im-
mensité, devant cet auditoire de simples et
de pauvres. Ce fut un délire quand ils arri-
vèrent à la fin :

> A mon pays je dois la vie,
> Il me devra la liberté.

Marchands, marchandes et acheteurs voulaient porter les artistes en triomphe : on
prenait des fleurs par brassées, on les leur

mettait dans les bras; les cochers, qui avaient écouté avec le même enthousiasme, laissant là leurs voitures, s'offrirent à porter les bouquets et bottes de fleurs dans les fiacres. On avait les larmes aux yeux.

— C'est pas tout ça, reprit Talazac, la soupe nous attend; elle est rudement appétissante!

Et il s'avançait près du réchaud où une grande marmite, pleine de soupe aux choux, répandait son fumet.

— Elle a l'air rudement bonne; ça fait venir... la soupe à la bouche.

— Voulez-vous en goûter, monsieur Talazac? C'est qu'elle s'y connaît, la mère! Voilà vingt ans qu'elle est là, tous les matins.

Toute la bande se mit de la partie, faisant chorus.

— Oh! mais nous en voulons tous, de la soupe aux choux!...

Et, servi dans des écuelles, assis sur des chaises que les marchandes étaient allées chercher à leurs comptoirs, chacun mangea, s'exclamant sur la soupe qui était trouvée délicieuse. On voulait acheter des fruits, on se répandit auprès de tous les étalages. On envoya aux amis, qui furent rudement surpris, turbots, barbues, paniers de poires et de pêches, le tout à des prix dérisoires. Ne pouvant les offrir, les marchands les donnaient pour presque rien.

On prit congé, et l'on se quitta enchantés les uns des autres, se disant au revoir comme des amis.

Un fort de la Halle vint à Talazac, lui montra ses biceps énormes, ses poings à assommer un bœuf, et lui dit :

— Vous savez, si jamais quelqu'un vous embête, je ne vous dis que ça!... Et voilà...

Là-dessus, Manoury :

— Allons-nous-en, gens de la noce, allons-nous-en chacun chez nous.

Et l'on partit. Et la bande joyeuse se dispersa dans la clarté grise de l'aube, au souffle frais du matin.

CHAPITRE VII

Vue de dos. — Empereur, princesse et comédienne.
— Récompense déshonnête. — Histoire d'une collaboration. — Deux ennemies pour un même ami.

Attendons demain, avait dit Lermina. Il
avait raison. Il était arrivé la plus cocasse
chose du monde : des comptes rendus extrê-
mement aimables de la fête avaient paru
dans le *Figaro* et dans d'autres journaux,
mais une partie était absolument fantaisiste.
Rappelés par leur service de cinq à sept
heures, quelques journalistes, Calmette et
Chincholle entre autres, avaient quitté les
voyageurs à Morsant : ils étaient revenus en
chemin de fer, ne se doutant pas de l'accident
qui mit le bateau en détresse.

Aussi avaient-ils terminé leur article en disant que l'on était rentré à Paris pour dîner. Vous voyez d'ici la scène dans les ménages vrais ou faux : « Les journaux disent que vous avez dîné à Paris. Alors, cette histoire du bateau qui ne marche pas, ce dîner sur le pont, c'est une blague ! Qu'y a-t-il là-dessous ? Etc., etc. »

Tout finit par s'arranger ; il fut prouvé que la Presse avait tort, et ce fut l'occasion de chaleureux raccommodements, espérons-le.

L'idée de *la Plus jolie Femme de Paris* avait été trouvée originale.

A une exposition du Mirliton, Marie avait admiré une adorable aquarelle, une femme qui montre son buste de dos. Elle avait le col flexible et long, la nuque libre, offrant la gracilité de la jeunesse sans maigreur. Cette aquarelle avait frappé Marie, et elle s'en était ressouvenue quand il s'agit de la composition de la couverture.

Elle alla chez Duez :

— Trop tard ! répond le peintre ; l'aquarelle a été vendue il y a huit jours à la baronne de Rothschild.

Que faire ? Le temps se passa en projets non exécutés. Marie se décida enfin à faire faire la composition d'après une photographie. C'est très rare, une jolie nuque. Avec quelques amies, Marie se rendit chez Boyer, boulevard des Capucines. Il se mit à sa disposition de la façon la plus aimable. Après plusieurs essais loyaux mais infructueux, il fallut bien s'en tenir au dernier. Hélas ! le modèle était tout le contraire de l'idéal rêvé par Marie. La femme n'était plus jeune, et cela se sentait bien ; le visage se défendait, grâce à de savants artifices, mais il n'en était pas de même du col, qui n'a jamais été élégant : il est court, massif, attaché à des épaules grêles et osseuses. Mais que dire à une femme qui apporte de la bonne volonté et des prétentions ? Comment lui faire comprendre sans la blesser que « ce n'est pas ça » ?

Boyer vint au secours de Marie, qui était allée examiner le cliché avec lui :

— Ne vous tourmentez pas : nous adoucirons tout cela avec des retouches; nous atténuerons l'épaisseur, le *carré* de la taille,

en la laissant dans le vague, dans le flou ;
nous remonterons un peu le décolletage, pour
dissimuler la saillie des omoplates. Il fallait
une femme jeune et mince ; celle-ci est
osseuse et maigre ; mais enfin, ne vous in-
quiétez pas : Je ferai de mon mieux, et ce
sera bien.

En effet, l'idée eut un succès dont le modèle bénéficia.

Madame de Rute savait que Segond-Weber
était une amie de Marie ; elle la pria de lui
amener la jeune tragédienne dont elle avait
applaudi les débuts dans les *Jacobites*, et
qui lui avait laissé une grande impression.

Les deux artistes arrivent ; la princesse
défend sa porte, désireuse de causer sans
être dérangée.

Elles étaient là depuis un grand moment
quand le petit groom remit une carte à la
princesse :

— Où est-il? s'écrie-t-elle.

— On a répondu, madame, que vous
n'étiez pas visible ; il ne peut déjà être en bas.

— Va, cours ; dis-lui que j'y suis pour lui,
que je le supplie de remonter.

Et elle montra aux deux femmes la carte du comte d'Alcantara. C'était l'empereur du Brésil.

On le rattrape au moment où il allait monter en voiture. Il refit l'ascension des quatre étages. Madame de Rute habite au boulevard Poissonnière l'ancien appartement de madame Juliette Lamber ; les étages sont très hauts, et il faudrait faire des stations à chaque palier. Le courage de l'empereur devait lui être funeste : les quatre étages sont précédés d'une voûte glaciale, dont la traversée est terrible, à cause du courant d'air qui s'y engouffre.

Marie n'avait pas revu don Pedro depuis la représentation du *Passant* ; il lui dit qu'il avait suivi son évolution de la comédie à la littérature.

— J'ai lu tous vos livres, ajouta-t-il, même *Sarah Barnum* qui m'a bien amusé.

Il manifesta le désir aimable de le relire non expurgé. Marie offrit de lui envoyer le livre le lendemain.

Il se montra très charmé de rencontrer madame Segond-Weber, qu'il n'avait jamais

entendue et qu'il ne connaissait que par des
articles de journaux. Justement le lendemain
elle jouait à la Comédie-Française, transfuge
de l'Odéon. Il promit d'aller l'applaudir et
tint parole ; il vint même la féliciter de vive
voix au foyer de la Comédie, et lui dire le
plaisir qu'elle lui avait donné. Huit jours
après, Marie apprenait qu'il était à Aix, dan-
gereusement malade d'une fluxion de poitrine. La montée et la descente des escaliers
de madame de Rute, la traversée de cette
voûte glaciale, lui avaient été funestes ; en
quittant Paris, le surlendemain, il emportait le
germe de la maladie dont il ne s'est pas remis et à laquelle il devait succomber en
quelques mois.

. . . .

— Non, vrai, c'est sérieux, mon petit *Per-*
dreau, ce que vous me dites là ? Elle vous a
promis ?... promis pour de vrai ?...

C'était Marie qui s'exclamait ainsi, causant
avec le duc de Perdifumo, aujourd'hui prince
della Rocca et marié à une charmante femme,
qui lui a donné d'adorables bébés. Il expli-
quait à Marie que Francine Decroza avait le

plus grand désir de rentrer dans un théâtre de Paris, car enfin, il n'y a que Paris pour une artiste. On lui faisait un crime d'avoir joué à Berlin, et aucun directeur ne voulait l'engager, craignant la cabale et les criailleries des petits journaux. Elle s'était mis en tête que Marie pouvait vaincre l'ostracisme dont elle était frappée, et qu'elle avait assez d'influence et d'amis pour la protéger efficacement.

— Enfin, ma chère Colombier, vous me rendrez un grand service. Nous sommes de bons camarades. Vous savez que si je pouvais vous être agréable en quoi que ce fût, je le ferais de très grand cœur. Voilà ! Francine me plaît beaucoup ; à ma cour assidue, elle répond : « Vous connaissez madame Colombier ; présentez-moi à elle, obtenez qu'elle me reçoive. »

Et avec une candeur amusante, il racontait la récompense promise.

— J'ai beau lui dire, ajoutait-il, que vous ne recevez que quelques femmes de théâtre, que votre maison est très fermée, elle est butée, elle n'en démordra pas.

— Mais on dit bien des choses sur elle.

— Bah ! des femmes jalouses, des hommes
à qui elle s'est refusée !

— Vraiment ! on la dit si peu farouche !

— On dit tant de choses ! Voulez-vous que
je vous l'amène ? Tenez, vous m'avez invité
à déjeuner demain, pour manger avec vous,
comme deux gourmets, ce macaroni à l'ita-
lienne que vous faites si bien ; permettez-moi
de vous amener Francine. C'est dit ! Je me
sauve. Ne me répondez pas. A demain, midi.

Le lendemain, il s'amène et il l'amène.
Marie voit une belle fille à l'œil brillant, au
teint fleuri, un peu soutenu sous la poudre
adhérente, à la jolie taille, bien ronde sans
maigreur. Elle se souvient de l'avoir rencontrée avec un grand garçon qu'elle avait
connu tout petit, à ses débuts dans la vie.
La mère de ce jeune homme, belle-sœur
d'Albert Wolff, était devenue pour elle une
connaissance très amicale. Tout cela la disposait absolument en faveur de la nouvelle
venue. On se mit à table — le macaroni n'attend pas, — et on continua à causer de choses
et d'autres, surtout du parti pris qu'on avait

contre elle, et qu'elle attribuait aux racontars
d'une actrice qui jouait les rôles à côté
d'elle. Celle-ci, jalouse de son succès de
femme et d'artiste, avait quitté la troupe ;
rentrée à Paris, elle était allée dans les ré-
dactions ; elle avait raconté ce qu'elle avait
voulu, personne n'étant là pour la démentir.
Francine Decroza adorait le théâtre, et la
pensée qu'elle ne pourrait pas, se faire entendre à Paris la désespérait.

— Je vous assure, mademoiselle Colombier, disait-elle, que j'ai chanté bien des
opérettes dans la tournée que je viens de
faire, et que j'ai eu beaucoup de succès. J'ai
fait de très, très grands progrès, et ceux qui
m'ont vue autrefois dans des rôles de grues
seront bien étonnés.

Marie voyait là une injustice à réparer :
il lui semblait qu'il n'y avait pas de raisons
pour faire un crime à Decroza d'avoir chanté
à Berlin. Il vaut encore mieux reprendre aux
Allemands une parcelle de nos milliards que
d'accueillir, comme Autrichien, Roumain ou
même Alsacien tout ce que l'empire d'Allemagne nous envoie.

15.

— Vous servir, répondit-elle à Decroza, je le ferais volontiers, mais comment? Je ne vois pas. Enfin, je réfléchirai.

— Vous me permettez de revenir vous voir?

— Mais comment donc! D'abord, ce cher duc qui vous a présentée à moi vient souvent; il vous fera signe.

Le lendemain, selon une habitude prise depuis quelque temps, Marie avait à déjeuner chez elle Antony Mars, Boucheron et Samuel, qui dirigeait alors la Renaissance. Rien n'amusait Marie comme ces déjeuners où l'on faisait de la rosserie spirituelle, où l'on égratignait sans écorcher. Celui qui damait le pion aux trois autres, c'était Boucheron, et cela avec une bonhomie de prélat ancien régime, et un sourire béat tout à fait amusant. Marie racontait la visite qu'elle avait reçue, et son désir d'obliger Perdifumo, en protégeant sa protégée. Là-dessus, ce fut un *tolle* unanime!

— Ne tentez pas cela, ma chère Colombier; vous vous briseriez contre un parti pris absolu.

— Moi, directeur, je ne l'engagerais pas...
même pour figurer.

— Et moi, auteur, je ne lui donnerais pas
une lettre à porter.

— C'est compromettre le succès de la
meilleure pièce que d'engager la partie avec
une carte pareille dans son jeu.

— Eh bien ! cela m'amuse de tenter l'aventure ! Je m'ennuie, je n'ai rien à faire, cela
me distraira. Seulement, je vous demande le
secret ?

— C'est juré.

— Ah çà ! où en est Busnach, de cette
fameuse pièce ? demanda Samuel, qui avait
reçu la *Plus Jolie* à la Renaissance.

— Il est venu me dire qu'il y renonce : il
a trouvé les deux premiers actes adorables,
mais pour les autres, impossible. Il retombe
toujours dans le scénario de *Nana*. La fin
ne vient pas. Il ne peut faire mourir l'héroïne
comme celle de Zola ou *Froufrou* ou la
Dame aux Camélias. Il se sent arrêté
et n'en peut plus sortir ; il me rend ma
parole.

— Eh bien ! voilà Mars et Boucheron, dit

Samuel ; les acceptez-vous en remplacement
de Busnach démissionnaire ?

— Cette bêtise ! l'auteur des *Surprises du
Divorce* et celui de *Miss Helyett !* Est ce que
ça se demande ?

— Eh bien ! c'est entendu. Mais il me faut
la pièce dans six mois. L'interprète, maintenant. Où est la femme digne de porter un
tel titre ? Ce ne sera pas facile à trouver.
Vous l'avez si bien compris que vous la re-
présentez de dos, pour laisser au public le
plaisir de deviner son visage : il adore le
mystère et les énigmes, pour la joie de les
déchiffrer.

On parla de Théo. On discuta, on finit par
déclarer qu'il n'y avait encore qu'elle qui pût
représenter, dans l'opinion publique, « la plus
jolie femme de Paris ». Les collaborateurs
de Marie déclarèrent qu'ils allaient se mettre
à l'ouvrage ; dans peu de jours le scénario lui
serait soumis. Le succès se continuait en
librairie. Après avoir lu le livre, Henry Bauër
écrivait à l'auteur cette lettre qui lui causa
grande joie :

Je viens d'achever votre livre, ma chère camarade : il m'a intéressé, il m'a fait plaisir à lire. Je
vous avoue que j'étais prévenu contre lui, que je
redoutais d'obscènes et scandaleuses histoires. Il
n'en est rien : il y a dans les aventures de cette
bonne et jolie fille un désintéressement, une vivacité d'impression, une sincérité sensuelle, une
naïveté d'abandon charnel qui m'ont touché et
m'ont ravi. C'est bien à vous qui fûtes si belle et
demeurez si charmante d'afficher très haut le mépris de l'argent, d'affirmer que les chaudes et
libres amours, disons, si vous voulez, la volupté
des suprêmes étreintes et des longues confidences
valent mieux que tout. C'est ce qui donne à votre
héroïne le tour galant et libre d'une des plus jolies
figurines du dix-huitième siècle.

Le critique a dit. L'ami vous fera demain tous
ses compliments, car demain, si j'ai bonne mémoire, il est encore votre hôte.

Affectueusement,

HENRY BAUER.

Lundi, 23 juin 1887.

Richarme était retenu depuis longtemps
déjà à Rive-de-Gier ; ne pouvant aller à Paris,
il pria Marie de venir le voir à Lyon. Elle
s'empressa de prendre le train. Elle le trouva
très affecté : on lui faisait une guerre sourde.

De tous les côtés lui revenaient des rapports sur l'hostilité que lui témoignait son beau-frère Dériard, employé à l'usine. Dans le trajet quotidien entre Lyon et Rive-de-Gier, celui-ci pérorait à haute voix et déblatérait contre lui tout le long de la route.

— Il dit que je *les ruine*. Dans ma longue maladie, ma sœur aînée ne venait auprès de moi que pour solliciter mes confidences et s'en faire des armes. Ce sont eux qui ont entraîné les Marrel. Ma sœur aînée est jalouse de la situation des cadettes ; elle qui a épousé un homme sans fortune, elle fait retomber sur moi le poids de ses mécomptes. Je viens de recevoir une lettre de notre entrepositaire de Marseille : c'est un ami, un parent éloigné, très brave homme. Il me prêche la conciliation... Tiens, il s'appelle comme ton ami Scholl. — Voici ce que je lui réponds. Tu penses bien qu'après ce qui s'est passé, il n'y a pas de conciliation possible avant longtemps. Il faudrait trouver une combinaison pour désintéresser mes beaux-frères : alors, comme il n'y aurait plus de question matérielle entre nous, nous pour-

rions revenir à la bonne entente d'autrefois,
d'avant le krach. Mais, hélas! pour le moment, nous en sommes loin. — Enfin, voici
le brouillon de la lettre que j'ai répondue à
Scholl :

Mon cher Scholl,

J'ai été verbalement autorisé par mes sœurs et
associés à me découvrir pour faire face à mes
dettes, et comme il n'a été fait aucune distinction,
je ne sache pas que cette autorisation m'ait été
donnée pour les grosses seulement, et non pas
pour les petites. J'ai expliqué à mes sœurs,
comme à toi-même, que si j'avais pris des sommes
importantes dans les six premiers mois de l'année,
c'était premièrement pour payer tous les comptes
arriérés de mes mines de Vendée, s'élevant à plus
de quinze mille francs. Deuxièmement, faire face
au paiement d'intérêts dus à MM. Étienne et
Charles Marrel, s'élevant de même à plus de
quinze mille francs, mes dépenses personnelles.

. . . .

. . . .

L'on veut me taxer à ne dépenser que dix-sept
mille cinq cents francs par an. Sur cette somme
il faut que je paie cinq mille francs d'intérêts à MM. Étienne et Charles Marrel, et cinq
mille francs pour l'entretien de mes mines que je

tiens à ne pas laisser effondrer, étant donné que j'ai toujours l'espoir de les vendre et que je suis en pourparlers pour l'une d'elles. Il me resterait donc sept mille cinq cents francs avec lesquels je suis dans l'impossibilité absolue de faire face à toutes les charges de ma vie, telles que vie matérielle, souscriptions, aumônes à plus pauvre que moi, et le reste... Quand tu me dis que l'économie donne l'amour du travail et que la trop grande dépense en détourne, tu es injuste envers moi. Je puis t'assurer qu'en aucun temps, jamais grandes dépenses ne m'ont détourné des affaires et fait perdre mon temps, et dîner et passer les soirées, soit à Paris ou ailleurs, ne constitue pas, que je sache, acte de paresseux.

J'ai fait pour la prospérité de la maison de ma famille tout ce qu'il m'a été humainement possible de faire ; et à moins que l'on veuille de parti pris ne pas voir, je ne sache pas que l'on puisse me montrer en verrerie une réussite pareille à celle obtenue par moi depuis quelques années. Il est vrai que mes aimables sœurs prétendent que tout cela s'est fait seul et que je n'y suis pour rien.

Nous traversons une des années les plus dures que nous ayons vues, et pourtant nous travaillons à pleins fours, écoulons les stocks, et nous gagnerons encore *cinq cent mille francs* cette année, malgré la baisse des prix. Pendant ce temps-là, les verreries dans le Nord sont aux abois. En livrant à 5 et 10 pour 100 au-dessous de leur prix de revient, les petites verreries n'ont plus de crédit chez leurs banquiers, les grosses n'osant pas se transformer de peur de ne pas récupérer leurs dépenses, et la situation est telle, qu'avant peu nous verrons se fermer un certain nombre de fours..... Tu me parles de réconciliation, et tu as la menace au bout de la plume, comme l'ont sans cesse ceux et celles au nom desquels tu m'écris.

Nous sommes presque au port, et l'on imagine vis-à-vis de moi toutes sortes de tracasseries et de vexations, comme pour faire à plaisir échouer toutes choses qui m'ont donné tant de travail et tant de peine. Je suis doué d'un certain courage contre l'adversité, d'un cerveau solide et d'un estomac d'acier; néanmoins la maladie de temps en temps me prend, et bien que moins terrible que les rhumatismes, je souffre en ce moment d'une maladie du sang dont j'ai ressenti les premiers symptômes avant mon départ de Rive-de-Gier, ce qui ne m'empêche pas de vaquer aux affaires de la maison. Tu vois que si l'on a bien agi, d'abord, en me permettant d'emprunter sur ma *propre fortune*, on a tort aujourd'hui de s'acharner après moi en souhaitant ma mort, et en faisant tout ce qu'il faut pour y arriver.

Je te prie de m'excuser si je te dis des choses

qui te sont peut-être peu agréables, car je ne crois pas que tu en sois encore arrivé à me juger comme tu as l'air, mais je trouve que tu accordes trop facilement foi à ceux qui veulent te persuader que j'ai passé ma vie dans la débauche.

Je prétends, et je le prouverai, avoir quintuplé la fortune de mes sœurs, car sans moi, que serait la maison ?

En me permettant d'emprunter sur ma propre fortune, elles m'ont rendu un réel et indéniable service dont je n'étais pas oublieux. Aujourd'hui elles le regrettent et elles veulent me traiter en voleur ; c'est leur affaire, et je leur laisse la responsabilité de cette mauvaise façon d'agir à mon égard.

Elles devraient pourtant ne pas oublier que M. Deriard leur a fait l'amitié de fouiller tous les livres depuis trente ans, pour connaître les détournements que j'aurais pu opérer, et que ses recherches intéressantes, ont abouti à..... néant, etc., etc.

P. Richarme.

Depuis cette lettre, j'ai reçu d'un ami une offre bien tentante, mais je ne puis accepter. C'est Charles Dorian qui est venu me la faire.

— A propos, figure-toi que, dans le pays
où l'on est avide de tout ce qui peut faire
scandale, on prétend que c'est lui, Charles
D..., l'intrépide vide-bouteilles dont il est
parlé tout le temps dans le *Gil Blas*. On as-
somme ce pauvre Dorian avec les prouesses
de ce personnage qui doit être un mythe.
Enfin, Dorian est venu me demander de me
laisser porter candidat au Sénat, j'ai refusé.
Il m'a donné des raisons de parti, de politique qui m'ont ébranlé un peu, et il n'a pas
voulu accepter ma réponse comme définitive :
il m'a prié de prendre une semaine pour re-
fléchir. Ah ! si j'acceptais, ce sont les autres
qui pousseraient les hauts cris. Mais ma résolution est bien arrêtée : je dirai non.

Marie, à force d'éloquence, réussit à le
faire revenir sur cette décision. Elle quitta
Lyon, en emportant la promesse que son
ami serait sénateur. Dans une quinzaine, il
serait à Paris.

Quel ne fut pas son étonnement quand le
lendemain, passant en voiture rue de la
Chaussée-d'Antin, elle croisa Richarme : arrivé dans la nuit, il allait chez elle. Qu'y

avait-il ? Quel événement lui avait fait modifier sa résolution ?

— Je l'avoue, dit-il, j'ai fui lâchement devant la réponse que je devais donner à
Charles Dorian. Je ne veux pas me laisser
convaincre, je persiste dans mon refus. Il a
beau me dire que je ne m'occuperai de rien,
qu'il n'y a pas de campagne électorale pour
le Sénat comme pour la Chambre ; il s'agit
d'un simple consentement à donner : non,
mille fois non : j'en ai assez de la politique !
Comment, je n'ai pas encore accepté, et déjà
je suis vilipendé dans leurs sales journaux !
Le plus honnête homme du monde se trouve
à la merci de toutes les calomnies. Encore,
s'il ne s'agissait que de moi, je m'en moque-
rais ; je suis au-dessus de leurs racontars,
mais... » Il s'arrêta un instant, puis, brusquement : « Enfin, j'ai bien assez de tintouin
avec ma baraque, je n'ai pas besoin d'en
chercher ailleurs. »

— C'est à propos de moi qu'on t'attaque ?

— Tu le penses bien. D'abord, *Sarah Barnum!...* Puis ils prétendent — et cela vient
bien sûr des histoires de Deriard, mon beau-

frère, — que c'est moi qui ai donné la fête de *la Plus jolie Femme de Paris*, et que ça m'a coûté cent mille francs. C'est pas pour rien ! Raconte ça à Flammarion ; ça le fera rire, lui qui doit savoir ce que ça coûte.

Samuel adressa une invitation à Marie pour elle et pour Richarme, car elle n'allait nulle part où il ne pût aller pendant son séjour à Paris. Mars et Boucheron devaient lire le scénario de la *Plus Jolie*. Louise Théo avait été invitée ; c'était elle, décidément, qui l'avait emporté dans l'esprit des auteurs et du directeur.

La pièce était en quatre actes ; trois étaient exquis, mais le quatrième ne venait pas, on cherchait. Théo protestait : elle trouvait bien audacieux d'assumer la responsabilité d'un titre si difficile à justifier ; avant l'artiste, on discuterait la femme. Elle avait peur. On la rassura en lui faisant force compliments. Enfin, mettant de côté sa modestie, elle accepta. On convint d'écrire la pièce tout de suite, sur la donnée du scénario ; on en chercherait le dénouement. Quelle fin fallait-il lui donner ? il n'y a que la mort qui finit

tout, et cette solution n'était pas possible.
Enfin, on allait voir.

Pendant l'absence de Richarme, Marie
vivait assez retirée, confinée dans son *home*.
Un ménage, une vieille femme et son mari,
des amis présentés par Busnach et qui habi-
taient sa maison, dînaient presque constamment chez elle, faisant sa partie de bésigue.
De temps en temps elle allait chez des amies ;
elle leur rendait leurs politesses en bloc,
profitant du séjour de Richarme à Paris pour
recevoir. C'était une joie pour lui, au sortir
de son trou noir, tout enfumé, de Rive-de-
Gier, de se trouver comme par enchantement
avec les personnalités les plus distinguées de
tous les mondes, des femmes jolies et charmantes. Quel changement avec la triste solitude où il vivait là-bas, partageant le repas
de midi avec son beau-frère Deriard, à qui il
ne parlait pas, et avec le fils de celui-ci qui,
malgré sa jeunesse, était d'humeur taciturne
et renfermée !

Un grand dîner avait été organisé. Catulle
Mendès avait accepté une invitation pour lui
et pour une amie qu'il entourait d'un culte

d'adoration, et qui était une camarade de théâtre de Marie. La première de *la Tosca* venait d'être remise justement le jour de ce dîner. Connaissant l'amitié profonde que Mendès professait pour Sarah, Marie craignait une défection, malgré l'acceptation qu'il lui avait donnée. Très superstitieuse, elle redoutait beaucoup le chiffre treize ; l'absence de Mendès l'eût exposée à ses terribles conséquences.

Elle lui écrivit pour lui demander s'il viendrait sûrement. Voici la lettre que lui envoya en réponse Catulle Mendès :

Pourquoi donc ne dînerions-nous pas avec vous, ma chère Marie Colombier? puisque c'est chose convenue et que vous n'allez pas à *la Tosca*? A cause de Sarah? Il est certain que je suis le très dévoué et très reconnaissant ami de celle qui a fait jouer le drame qui, avant elle, avait été refusé dix fois par cinq théâtres, car chacun des cinq théâtres avait refusé deux fois les *Mères ennemies!* Je suis à sa disposition en toute circonstance, et mon affection pour elle égale mon admiration ; mais j'ai pour vous, chère Colombier, une très amicale et très sincère sympathie. Je n'ai aucune raison pour prendre parti contre

vous ; cela serait aussi absurde que si je prenais
parti contre elle. Vous êtes brouillées ; ce n'est
pas du tout un motif pour que je me brouille avec
vous ou avec elle. Vous êtes deux ennemies qui
avez un même ami.

A tout à l'heure, chère camarade ; croyez à mon
très franc dévouement.

Tout à vous,

CATULLE MENDÈS.

Voulez-vous faire nos amitiés, je vous prie, à
M. Richarme ? Merci.

CHAPITRE VIII

L'école buissonnière des débuts d'une divette.
Commandite et engagement. -- Visions d'au-delà.

Une après-midi, le duc de Perdifumo arriva chez Marie.

— Eh bien, ma chère, vous avez donc oublié ma protégée?

Elle croit que c'est moi qui manque de zèle : je vous en supplie, un bon conseil, si vous ne pouvez davantage.

— Un bon conseil? c'est là le *hic* : je ne vois pas jour pour elle, en ce moment, dans un théâtre de Paris. On dit que c'est une acteuse d'occasion, qu'elle a moins l'amour des planches que l'amour de la réclame, que pour elle, c'est un tremplin, tout simplement, et que si un amant *calé* se présente, elle lâ-

chera tout pour courir la pretentaine. Tout
ça c'est le résumé de ce qu'on raconte : avouez
que c'est peu encourageant. Elle est jolie
fille, dites-lui de renoncer à la scène : elle a
de quoi se consoler.

— Ah bien oui ! je serais le bienvenu avec
un conseil comme celui-là. Si vous l'enten-
diez : la misère, mais chanter, jouer !... le
théâtre !...

Tout à coup, Marie ayant réfléchi :

—Eh bien, écoutez, venez demain déjeuner
avec elle ; il me vient une idée qui a besoin
d'être étudiée.

Le lendemain, Marie conseilla à Decroza
de jouer en représentation en province, à
Bordeaux, à Lyon ou à Marseille ; mais ce
qui vaudrait encore mieux, disait-elle, c'était
Bruxelles : on y est plus près de Paris, l'écho
du succès est plus direct.

— Je ne connais aucun des directeurs de
ces villes, répondit Decroza. On s'informa,
on finit par découvrir que le directeur de
l'Alhambra à Bruxelles cherchait une attrac-
tion. Il connaissait Decroza, il savait qu'elle
n'était pas seulement jolie, qu'elle avait une

charmante voix, et qu'elle était bonne musi-
cienne. Il l'engagea.

Chez nos voisins, les succès de l'artiste en
Allemagne ne pouvaient lui nuire ; ils n'é-
taient pas sujets aux mêmes scrupules que
nous. Marie avait fini par faire de la réussite
de sa protégée une question d'amour-propre.
Afin qu'il n'y eût pas de note discordante
dans la critique de là-bas, elle avait demandé
à ses amis de la presse des recommandations
pour les journalistes de Bruxelles. Après
la première, à peine le rideau tombé sur le
dernier acte, elle prit dans la nuit même le
train, voulant faire constater dans les journaux parisiens le succès qui avait presque
pris les proportions d'un triomphe.

Entre Paris et Bruxelles, c'est comme un
chassé-croisé des personnalités du monde,
de la presse et des arts. Les deux villes sont
si près ! Samuel était venu applaudir la *Val-
küre* au théâtre de la Monnaie ; il recommence ce pèlerinage à chaque nouvelle passion, pour la consacrer sans doute par les
rites wagnériens. Il subit la contagion du
succès qui accueillait Francine. Justement,

voulant mettre la Renaissance en société, il cherchait des actionnaires, et il s'en était ouvert à Marie, lui demandant si elle ne connaîtrait pas à Bruxelles quelqu'un qui pût s'intéresser à l'affaire. Or elle avait rencontré au théâtre de l'Alhambra un aimable homme, habitué des coulisses et dont le père avait été lié avec les de Bériot; il était venu se rappeler au souvenir de Marie. On le citait pour sa grande fortune; elle essayerait de lui parler de la combinaison.

— Télégraphiez-moi tout de suite, dit Samuel, si vous avez une bonne réponse; je viendrai, cela presse.

Marie aperçoit le millionnaire en question, lui fait signe, le présente à Samuel et à sa compagne : tous trois sont invités par lui à souper après le théâtre, ainsi que Decroza; et, au bout de huit jours, Marie écrivait à Samuel que l'on mettait cinquante mille francs dans sa direction, sous réserve d'engager Francine; ce qui fut entendu et arrêté aux conditions suivantes :

M. Fernand Samuel s'oblige par la présente à

faire engager mademoiselle Decroza par le théâtre de la Renaissance, pour deux années, à compter du 1er avril prochain, à raison de mille francs
par mois, et quarante francs de feux la première
année ; et quinze cents francs par mois et soixante
francs de feux, la seconde. Il lui sera garanti un
minimum de cent cinquante représentations.

Sous ma responsabilité personnelle, fait à
Paris, le.....

La commandite devait rester secrète, mais
l'engagement fut publié, naturellement.

A une première, Marie rencontra Derembourg, directeur des Menus-Plaisirs : il cherchait une femme pour le *Fétiche* de Paul
Ferrier. Elle lui parla de Decroza, en gros-
sissant son succès. Rendez-vous fut pris pour
le lendemain : Paul Ferrier serait prévenu.

On avait installé un piano sur le théâtre ;
Francine se mit à chanter, soutenue par l'habile accompagnement de Victor Roger le
compositeur applaudi, et l'un des auteurs.
Opéra-comique, opérette, grand-opéra, elle
déchiffrait tout à première vue, avec une sû-
reté parfaite. Ce fut un enchantement. Derembourg, emballé, voulait signer l'engagement
tout de suite.

— Très bien ; et Samuel? Il faut l'autorisation.

— Je m'en charge, dit Paul Ferrier.

Marie, elle aussi, pouvait s'en charger. C'est ce qu'elle fit. Boucheron lui avait présenté Michiels, célèbre par ses czardas. Ils avaient fait ensemble une opérette, dont l'adorable musique était tout à fait dans la voix de Francine. Mais il fallait dépenser pas mal d'argent pour la monter, il restait à trouver un directeur audacieux. Marie eut la pensée de faire recevoir l'opérette par Derembourg et de faire engager Francine pour les deux pièces. Samuel, enchanté de la combinaison, lui accorda toutes les autorisations qu'elle voulut. Derembourg consentit à prendre la *Pitchounette*, qui passerait après le *Fétiche*. Marie se disait que si sa protégée n'avait pas un succès éclatant dans la première pièce, certainement la musique de la *Pitchounette* le lui donnerait.

Un dédit de vingt mille francs fut stipulé de part et d'autre. Quand elle remit le traité à Francine :

— A moins qu'on ne vous paye vingt

mille francs, lui dit-elle, ne renoncez jamais
à jouer la *Pitchounette*.

A quelques jours de là, elle réunissait,
outre les trois amis, Decroza et le duc de Perdifumo ; elle leur rappela le fameux pari :

— Jamais je ne l'engagerai, avait dit
Samuel.

— Pas même une lettre à porter, avait répondu Boucheron.

— Aujourd'hui, elle a deux engagements
pour un et dans votre théâtre, Samuel ; le
principal rôle de votre pièce, Boucheron.

Marie fut modeste dans son triomphe ; elle
convia ses amis à un grand souper chez elle,
pour le jour de la première du *Fétiche*.
Samuel la prit à part ; il lui demanda ce qu'il
pouvait faire pour lui être agréable, après
les deux services qu'elle lui avait rendus.

— Une commission, peut-être ?... Ecoutez,
Samuel, nous avons un traité pour la *Plus
jolie Femme de Paris* ; eh bien, activez le
zèle de mes collaborateurs, et faites jouer la
pièce le plus vite possible.

— Oh ! cela, je vous le promets... Je n'ai
pas besoin de vous dire que vous aurez votre

loge à toutes les premières dans tous les théâtres où je serai directeur.

Quand on annonça que Decroza allait jouer le principal rôle du *Fétiche*, ce furent des articles d'une violence qui dépassait toute mesure. Elle alla trouver son avoué, M⁰ Cahen, que ses fonctions ministérielles n'empêchent pas d'être un grand amateur de peinture moderne (il a, entre autres, la plus jolie collection de Boudin qui se puisse admirer), et elle entama un procès. Ce sont là choses dont les journaux sérieux se montrent peu friands ; le silence se fit, mais on répandit le bruit qu'une cabale serait organisée contre Decroza. Elle n'eut pas lieu. Paul Ferrier avait trop d'amis sincères, et il était trop sympathique à tous, pour qu'on lui fît sentir le contre-coup d'une hostilité d'ailleurs irraisonnée. S'il y eut projet de cabale, elle avorta. Le soir de la première, un souper réunissait chez Marie les auteurs du *Fétiche*, Paul Ferrier et Victor Roger, leur interprète, les futurs collaborateurs de la *Plus jolie Femme de Paris*, des critiques amis, et ceux qu'on voulait conquérir. A cette occa-

sion, Samuel dit à Marie, qui venait de mener
à bien cette réconciliation de Decroza avec
la presse et le public :

— Quel dommage que vous ne traitiez pas
vos affaires à vous avec l'habileté que vous
montrez quand il s'agit de celles des autres !

Pressés de réclamations, Boucheron et
Antony Mars vinrent enfin lire la pièce à
Marie. Elle écoutait avec attention; après
la lecture, elle leur fit tous ses compliments :

— C'est charmant, mais ce n'est pas du
tout le scénario que vous m'avez lu. Vous
êtes bien bons de me réserver une part de
droits d'auteur que je ne mérite guère. Vous
avez pris le titre de mon roman, mais pas
une situation, pas un caractère ne s'y rapporte. Non, non, vous êtes trop généreux ; je
n'accepte pas de partager avec vous. Prenez
le titre que vous voudrez, mais pas celui de
la *Plus jolie Femme de Paris.*

— C'est votre avis ?

— C'est mon avis.

— Vous n'en changerez pas ?

— Il n'y a pas de raison.

17.

D'un geste prompt, le manuscrit était dechiré.

— Nous avons fait la pièce pour vous, elle ne vous plaît pas ; nous la détruisons.

Ils en avaient sans doute gardé copie ; les morceaux en étaient bons : ils ont été depuis disséminés dans plusieurs pièces.

Marie revit Samuel ; il prolongea par la lettre suivante l'engagement qu'il avait pris envers elle :

Paris, le 12 février 1890.

Ma chère amie,

Puisque cela vous agrée, je remets la première de la *Plus jolie Femme de Paris* à la saison prochaine, pour passer en plein cœur de l'hiver, soit décembre 1890, ou un peu après, ou un peu avant.

Amitiés de votre dévoué,

F. SAMUEL.

Marie avait, en vérité, bien besoin de s'agiter pour le compte des autres, comme si ses ennuis personnels n'eussent pas suffi ! Richarme était encore malade ; à l'inquiétude

de son amie se joignait le désespoir de ne
pouvoir lui prodiguer ses soins. Plusieurs
fois, elle avait voulu qu'il consultât un médecin ; il s'y était refusé obstinément. Elle
avait dans l'oreille l'écho d'une petite toux
sèche qui revenait de temps en temps. Quelquefois, elle appuyait sa tête contre l'épaule
de Richarme, près de sa poitrine ; il lui semblait que, réfugiée ainsi près de lui, aucun
malheur ne pouvait l'atteindre. La sensation
était si douce, si grande était la quiétude,
qu'elle aimait à s'y reposer. Plus d'une fois,
elle avait surpris alors une contraction de
souffrance chez son ami ; il lui prenait la
tête et la remontait vers son épaule. Quand
elle l'interrogeait sur sa toux :

— Cela me gratte un peu à la gorge,
disait-il ; ce n'est rien, c'est passé... Une
grande oppression à la poitrine, voilà tout.

Un jour, dans le boudoir à pans coupés
qui recevait la lumière par une fenêtre de
milieu au-dessus de la cheminée et deux
autres, plus grandes, de chaque côté, Richarme se tenait debout, appuyé contre le
marbre. Un rayon de soleil l'éclairait de

profil, faisant ressortir ses traits. Tout à coup,
au milieu d'une phrase, Marie s'arrêta : en
le regardant, l'oreille semblait transparente
et jau..e comme de la cire ou du vieil ivoire,
ainsi que les ailes du nez ; tout le visage paraissait exsangue. Ce fut un serrement de
cœur effroyable ; dans un éclair elle eut
l'impression que Richarme était en danger.
Que pouvait-il avoir ? L'angoisse qui traver-
sait son esprit se refléta sur sa physionomie :
ce fut au tour de Richarme de s'inquiéter en
la voyant ainsi. Il n'y comprenait rien, et
s'avança vers elle.

— Qu'y a-t-il, qu'as-tu ?

Mais, dans le mouvement qu'il avait fait,
son visage était sorti du rayon révélateur, et
il reprenait son habituelle apparence de santé
florissante.

— Je suis folle, pensa Marie, de me forger
de telles inquiétudes.

Ce souvenir lui revenait maintenant qu'elle
apprenait sa maladie à Rive-de-Gier, sans
pouvoir aller l'y rejoindre. Elle se disait que
c'était un avertissement qu'elle avait eu dans
ce jeu de lumière. Elle était très supersti-

tieuse, par atavisme, sans doute, à cause de
ses origines paternelles. Elle avait la convic-
tion qu'un malheur est toujours précédé de
quelque pressentiment qui nous en donne
l'intuition, et s'éloigne, fugitif, pareil à la
Cassandre troyenne qui prédisait sans convaincre. On ne s'en souvient qu'après la ca-
tastrophe. Elle ne croit pas au spiritisme,
elle n'admet pas que quelques personnes
placées autour d'une table puissent évoquer
l'âme d'un être cher ou ce qu'on appelle les
esprits familiers. Si celui que nous avons
perdu pouvait se manifester matériellement
à nous, s'il pouvait veiller sur nous, les
crimes qui se commettent audacieusement,
les spoliations, les entreprises contre la volonté d'un mort seraient-ils possibles ? Ne
protesterait-il pas d'une façon quelconque ?
Ne nous mettrait-il pas en garde contre l'acte
prémédité ? Peut-être est-ce lui qui emprunte
pour nous avertir et nous conseiller la voix
de nos pressentiments. Il n'est jamais arrivé
à Marie un grand malheur, elle n'a jamais
donné prise au destin par quelque grave imprudence, sans avoir entendu en elle-même

ces avis muets et ces mystérieuses remontrances d'un mentor inconnu qui nous dit : « Tu as tort de faire cela. » Et elle le faisait cependant, car ces conseils fatidiques demeurent toujours inécoutés. Enfin Richarme, pour la rassurer, lui écrivit qu'il allait mieux, que bientôt il serait à Paris, que du reste il avait établi pour la verrerie un service sanitaire auquel était attaché un médecin spécial dont il profitait pour son propre compte ; il était donc très bien soigné, et elle n'avait pas à s'inquiéter.

Marie avait rencontré Busnach :

— Eh bien, lui dit-il, et la *Jolie ?* on ne la joue pas ?

Elle raconta ce qui venait d'arriver avec Antony Mars et Boucheron.

— Je crois être en meilleure disposition qu'il y a deux ans, déclara-t-il, quand j'ai tenté l'épreuve. Il y a trois ans maintenant que j'ai fait *Nana*; elle commence à être oubliée. Si vos collaborateurs abandonnent la partie, moi je la reprends.

Marie vit Mars, Boucheron : ils lui rendirent sa parole ; elle s'entendit de nouveau avec Busnach. Richarme vint à Paris ; il allait tout à fait bien, en apparence. Il était en train d'élaborer une combinaison pour désintéresser ses associés avec qui la vie n'était plus possible. Ils contrecarraient tout ce qu'il voulait faire, entravaient les améliorations qui étaient pour le bien de tous. Cependant Richarme ne cherchait qu'une chose : faire rendre à son usine tout ce qu'elle pouvait donner afin de dégager sa situation personnelle ; ils seraient les premiers à en profiter, que diable !

Il ne resta à Paris que peu de jours, le temps de traiter une affaire avec Denière. Une tuile qui le menaçait ! Denière était directeur de Vichy, président de la Société Bains de mer et Villes d'eaux. On avait prévenu Richarme qu'il ne renouvellerait pas son traité de fournitures, et qu'il allait faire construire un autre four qui absorberait toute la consommation de bouteilles.

— Non ! disait Richarme, si les marchands d'eaux se mettent à fabriquer eux-mêmes leurs bouteilles, moi, marchand de bouteilles, je n'ai plus qu'à fermer mes usines. Je vais

déclarer que j'achète une source similaire ;
il n'en manque pas à Vichy, et elles se valent
toutes. J'agirai comme avec Badoit quand j'ai
acheté la Noël de Saint-Galmier : je ferai à
Denière une telle concurrence, en vendant
bon marché, qu'il sera obligé de baisser ses
prix ou de me laisser passer, avec les moyens
dont je dispose, mes voyageurs qui, tout en
faisant les affaires de la verrerie, placeront
à la fois la source Noël Saint-Galmier et celle
de Vichy : on m'en offre justement une. Je
vais essayer de lui prouver qu'il lui est impossible de produire au prix auquel je lui
vends. C'est donc une lutte stérile qu'il engage là.

Le soir, il était rayonnant : Denière avait
compris ses raisons, le traité était renouvelé.

Richarme était obligé de retourner chez
lui pour le projet dont il avait parlé à Marie ;
il avait le regret d'écourter son séjour et de
ne pouvoir revenir avant un mois.

Depuis sa rupture avec Bonnetain, Marie
avait tenu sa parole ; il n'y avait rien dans
sa vie que Richarme ne pût connaître ; sa
tendresse était son unique refuge. Richarme

la regardait et la traitait comme sa femme ;
il avait sollicité et accepté qu'elle lui fît le
sacrifice du théâtre, qui ne pouvait se concilier avec cette liaison, et même, en dehors
de la pièce tirée de son roman, il l'avait priée
de renoncer à la littérature. Quand elle ma-
nifestait des inquiétudes sur l'avenir, il lui
répondait :

— Je suis là, ta vie me regarde, tu es
mienne. Sans toi, sans ta tendresse, je n'aurais jamais eu le courage de surmonter les
tristesses, les chagrins de ces dernières
années ; douter de moi serait faire injure à
mon caractère.

Marie, heureuse et confiante, se disait
qu'elle trouvait la récompense d'une bonne
action dans cette tendresse qui lui était une
joie si complète.

Un accord absolu, physique et moral. Richarme ne paraissait pas son âge ; il avait
cependant huit ans passés de plus qu'elle.
Elle estimait que l'homme doit être plus âgé
que la femme, qui souvent vieillit plus vite ;
l'équilibre se trouvait ainsi rétabli.

Busnach, qui venait de faire jouer un

drame à l'Ambigu, déclara à Marie que si
elle voulait qu'il fît sa pièce, il fallait qu'elle
vînt à Nice ; il s'était surmené, il avait besoin
de soleil ; il sentait que là-bas il travaillerait
d'inspiration. Le voyage fut convenu et l'on
partit pour la côte d'Azur. Richarme s'arrêta
à Lyon, et Marie continua la route. Ah ! bien
oui, travailler ! Busnach, qui est joueur comme
les cartes, trouvait moyen chaque jour de
prendre le premier train pour Monte-Carlo et
de revenir par le dernier. Mais son esprit est
si drôle, si vivant, si cocasse, qu'il est impossible de lui en vouloir. Marie le suivait
donc à Monte-Carlo ; elle rencontrait des
amis et on organisait des dîners et des déjeuners en pique-nique. Le plus souvent,
Busnach restait au jeu jusqu'à extinction
complète de ses ressources. On l'apercevait
de loin, et, par une mimique expressive, il
retournait ses poches, pour faire voir qu'elles
étaient vides. Alors il arrivait, en sacrant le
plus drôlement du monde ; il racontait qu'à
un moment, il gagnait *tant*, et qu'il avait
continué parce qu'il manquait encore une
fraction au chiffre qu'il voulait atteindre.

Alors, c'étaient des injures à lui-même, pour avoir tout *défilé*.

— Vieille brute! Ah! c'est comme ça! eh bien, tu n'auras pas de pitance!...

Et il voulait se mettre au pain sec pour se punir.

Cependant, sur un signe, le maître d'hôtel, qui le connaissait bien, du reste, commençait à le servir, et il avait bien vite rattrapé les autres, en mettant les morceaux doubles.

De retour à Paris, il arriva chez Marie un beau matin:

— Eh bien, ça ne va pas, décidément! J'ai travaillé en collaboration avec Clairville; j'ai envie de me l'adjoindre pour la *Plus Jolie*, si vous n'y voyez pas d'inconvénient. Cela diminuera un peu nos droits, mais ça marchera plus vite. Clairville a l'esprit très parisien, et il est très séduit par la *Plus Jolie*.

— Prenez Clairville; je n'y vois pas d'obstacle.

A quelque temps de là, on lisait à Marie un scénario très séduisant:

— Un peu blasée sur les scénarios.

— Mais le dernier acte, ce coquin de dernier acte ?

— Oh ! ça viendra ; l'important, c'est que ce que nous vous avons lu vous plaise.

Elle venait de s'installer dans un petit hôtel, avenue Niel : ses amis la supplièrent d'accrocher la crémaillère. Il fut décidé qu'à cette occasion, on ferait une pantomime. Un bon camarade, Paul Adam, accepta de faire une charade japonaise ; la musique fut confiée à un de ses amis, compositeur de talent. Laus, Zélie Hadamard, Decroza, Marie Defresne, Melchissédech, etc., etc.

On était en pleines répétitions, quand M. Richarme revint à Paris, très préoccupé de ses affaires : toute idée de fête était ajournée.

Il était menacé d'une dissolution de société pour 1894, époque où l'acte d'association prenait fin : il fallait donc qu'il trouvât un commanditaire qui remplaçât ses associées. Il avait obtenu d'elles une promesse de cession moyennant le versement d'un million à chacune : c'était donc trois millions à débourser et l'engagement devait être exécuté dans une période de deux ans ; sinon, l'affaire était liquidée.

Il vit des banquiers à Londres, à Paris, en Suisse, dans le Nord, à Lille, à Reims. Marie dissimulait sa tristesse, son inquiétude. Pour lui éviter de feindre une bonne humeur qu'il ne pouvait guère ressentir, Marie ferma sa porte, restant auprès de lui, seule, tâchant de le réconforter, alarmée de le sentir souffrant et contraint au surmenage, quand il aurait eu si grand besoin de repos.

—Oh ! j'ai du courage, lui disait-il : c'est pour toi que je travaille.

L'affaire était presque conclue ; une dernière formalité et l'on signerait. Tout fut à recommencer.

On se demandait comment des gens aussi riches que l'étaient deux des beaux-frères de Richarme pouvaient se retirer d'une industrie qui paraissait si florissante, eux qui avaient de l'argent à ne savoir où le placer ! On s'informait, naturellement. On recueillait alors les échos des calomnies répandues de tous côtés, justement par celui qui profitait le plus de l'affaire, puisqu'il était, person-

nellement, sans fortune. On eût dit que,
contre son intérêt même, il eût été heureux
de voir sombrer la combinaison; cela eût
confirmé les racontars contre Richarme, qui
les ruinait, disait-il, par des dépenses folles,
telles que la fête de la *Plus Jolie Femme de
Paris.*

Cet hôtel où Marie venait de s'installer
servait de thème à toutes sortes d'amplifica-
tions : on racontait qu'il avait été, non pas
loué, mais acheté pour elle cinq cent mille
francs. Le désintéressement de Marie, quand
on voulait bien l'admettre, était regardé
comme la preuve de son gâchage : la mauvaise foi était d'autant plus flagrante que
M. Deriard savait bien à quoi s'en tenir,
puisqu'il s'occupait d'une partie de la comptabilité et de l'examen des livres. Si des
sommes avaient été distraites de la caisse
sociale, les livres en auraient témoigné, ou il
aurait fallu la complicité du caissier; et alors
les trois beaux-frères auraient eu beau jeu
pour rompre immédiatement l'acte de société.

Certes, M. Richarme était un galant homme

dans toute l'acception du terme, et il trouvait naturel de subventionner son ménage
d'une façon convenable pour tous deux. Mais
il a été heureux que *Sarah Barnum* permît
à Marie de régler son passif. Les nombreuses
éditions de la *Plus Jolie Femme de Paris*
remplacèrent agréablement ses appointements de théâtre. Cependant Richarme, malgré ses recherches, s'occupait de la fabrication, tâchait de trouver des clients nouveaux,
stimulait le zèle des entrepositaires, prétendant qu'une affaire qui ne progresse plus est
bien près de sombrer; et la pente, alors, est
glissante.

Busnach vint de nouveau trouver Marie :
décidément, il était forcé de renoncer à faire
une pièce avec la *Plus Jolie* ; il ne trouvait
toujours pas de dénouement. Lui et Clairville avaient beau chercher, ils retombaient
toujours dans la même conclusion : la mort.

Pour une opérette, c'est gai.

Comme il était en train d'expliquer à Marie
l'impuissance où il était de mener à bien la
tâche entreprise, elle reçut la visite de Paul
Adam après le départ de Busnach. Tous deux

commentaient la conversation précédente.
Tout à coup, Marie proposa à Paul Adam :

—Voulez-vous que nous essayions de faire
de ce roman une comédie, puisqu'il ne vient
pas en opérette ? Il en sera ce que le hasard voudra : si cela marche, nous la ferons
jouer, sinon, elle restera dans les cartons.

Il accepta, tout en déclarant son inexpé-
rience en fait d'art dramatique.

On bâtit le scénario, on convint d'un dénouement. La pièce est écrite, terminée : elle
répond à l'idée que Marie s'était faite. Mais
Samuel trouve que le genre de la comédie
ne convient pas au théâtre des Variétés
dont il vient de prendre la direction.

Paul Adam avait été déjà le collaborateur
de Marie pour un de ses romans : *On en
meurt*. Au moment où il fut amené chez elle
par Paul Alexis, il venait de publier un
livre : *Chair molle*, qui avait eu, comme les
Blasphèmes de Richepin, comme *Charlot
s'amuse* de Paul Bonnetain, et... *Sarah Barnum*, les honneurs des poursuites judiciaires.
Compagons d'infortune, Marie et lui devinrent
vite bons camarades. Paul Adam attirait par

la tournure vive et paradoxale de son intelligence, éprise à la fois des réalités de la vie et des mystères de l'au-delà. Il était d'une élégance recherchée et il y avait un peu de romantisme dans la coupe de sa redingote mil huit cent trente à col de velours. Si l'on ne pouvait prévoir alors la brillante carrière du jeune écrivain, qui s'est classé au premier rang parmi les maîtres, on sentait déjà qu'il était quelqu'un.

Cependant, Richarme avait fini par mettre l'affaire en société, après toutes sortes de difficultés et de complications. Quand il croyait avoir surmonté le dernier obstacle, il en surgissait un nouveau.

Oh! les lamentables lettres qu'il écrivait à Marie, se reprochant d'avoir accepté les sacrifices qu'elle avait faits pour lui, sacrifices dont il était indigne, puisqu'il ne pourrait jamais l'en récompenser.

Enfin, une maison de banque de Lyon, la maison Cottet, mettait l'affaire en actions. Richarme, après avoir passé par les conditions de cette banque, eut à subir une dernière exigence de ses associées. Il avait été stipulé que les trois millions seraient payés en actions, et que, séance tenante, ils seraient restitués contre trois millions espèces ; cela évitait des frais d'enregistrement. Au dernier moment, la combinaison fut refusée, ce qui augmentait les frais de cent cinquante mille francs au profit du fisc. M. Richarme supporta, forcément, ce mauvais procédé. Il croyait en avoir bien fini quand une nouvelle exigence surgit encore.

Cette fois, c'était de M. Deriard que venait la difficulté.

— Ma femme a donné sa signature, c'est possible, disait-il ; mais, moi, je n'accepte pas : il me faut un million deux cent mille francs.

Comment sortir de tous ces embarras ? M. Richarme n'avait pas les deux cent mille francs ; la maison Cottet prenait ferme deux millions d'obligations. M. Richarme, voulant rester maître de diriger l'affaire dont il connaissait tous les rouages, sans qu'on lui imposât l'immixtion d'une volonté inexpérimentée, qui aurait contrecarré son œuvre, avait emprunté le troisième million, qu'il devait payer à ses associés, sur les actions dont il entendait garder la propriété ; il avait mis ces actions en « gage », remboursables dans des délais fixés, à cinq et six pour cent d'intérêts.

Aujourd'hui, en face de cette nouvelle exigence, il se trouvait sans ressource ; il était acculé. Enfin, comme l'affaire était reconnue superbement productive, la maison Cottet, d'accord avec lui, décida la création d'une dette de deux cent mille francs envers M. Deriard, portant intérêt à cinq pour cent et remboursable à raison de vingt mille francs par an.

Cette fois c'est fini, on va signer ! Rendez-vous est pris. A peine M. Richarme est-il entré dans la maison de banque qu'on vient l'avertir que le feu est à l'usine. Il prend le train. Oh ! cette locomotive, que n'en pouvait-il activer la marche ! Dans une inquiétude folle, une désespérance sans nom, il arrive à Rive-de-Gier ; il se penche à la portière et son cœur s'ouvre en une action de grâces : il vient d'apercevoir le hall dont la toiture domine les bâtiments : on a pu circonscrire le feu, l'usine reste debout.

Les magasins de vannerie seuls ont brûlé : les dégâts sont couverts en partie par une assurance insuffisante de deux cent cinquante mille francs.

M. Deriard père, qui a dans ses attributions le règlement des polices, a jugé intelligent de ne pas les assurer pour leur valeur intégrale.

M. Richarme, en sa qualité *d'unique* actionnaire, prit vis-à-vis de la maison Cottet l'engagement d'honneur verbal de prélever sur les bénéfices de l'année qui allait échoir, avant toute distribution de dividende à l'action, la somme nécessaire à la reconstruction des magasins incendiés. Après quoi, la mise en actions effectuée, les statuts rédigés, les signatures de part et d'autre furent apposées.

Deux millions furent versés séance tenante aux dames Marrel et, par le moyen de l'emprunt, Mme Deriard reçut les douze cent mille francs exigés. Quand tout fut bien fini, la réaction fut terrible chez cet homme dont le courage n'avait pas faibli une minute, tant qu'il avait été soutenu par la lutte. Il se sentit effroyablement las, dans un complet anéantissement de l'esprit et du corps, et n'ayant qu'un besoin : le repos absolu.

CHAPITRE IX

Un souper de début. — La dernière victime de Pranzini. — L'homme-sandwich. — La reconnaissance
est un lourd fardeau. — Conseils pratiques. —
Comme on change !

Il avait été convenu que, la mise en actions
terminée, Richarme se donnerait un mois de
vacances, un mois de repos bien gagné !
Marie l'attendait de jour en jour, il ne venait
pas ! A ses questions : « Qu'y a-t-il ? Es-tu
malade ? » il répondait qu'il n'avait rien, sinon
de la fatigue. Enfin elle lui écrivit qu'elle ne
pouvait rester plus longtemps dans cette
inquiétude : s'il lui était impossible de venir,
c'était elle qui irait le voir.

Depuis près de douze ans que durait leur
liaison, Richarme, craignant de mécontenter

ses sœurs, n'avait pas voulu que Marie, pour abréger la durée des longues séparations, fît le voyage de Rive-de-Gier ; quand il ne pouvait aller à Paris il préférait, pour la rejoindre, s'imposer l'ennui quotidien du trajet jusqu'à Lyon. Enfin, elle reçut une dépêche annonçant son retour.

Comme d'habitude, elle alla le chercher à la gare.

On arriva à l'hôtel de l'avenue Niel : depuis qu'elle demeurait là, Richarme ne descendait plus à l'hôtel Scribe, et habitait tout à fait avec elle pendant ses séjours à Paris. Quand il eut enlevé son gros pardessus et retiré le chapeau de voyage qui masquait sa physionomie, Marie eut un mouvement de douloureuse surprise, tant il avait changé en si peu de temps.

Il surprit cette impression.

— Oh ! oui, dit-il, tu vas avoir à bien me soigner ! Car tu vois, je ne suis pas brillant. Mais maintenant, près de toi, la santé va me revenir. Il m'a fallu une dose de courage pour prendre le train ! Il a fallu surtout me dire que tu étais au bout de la route, sans

quoi je n'aurais jamais eu l'énergie de surmonter ma lassitude.

Le lendemain, le médecin procédait à
l'examen et à l'auscultation du malade ; il
prescrivait ensuite une ordonnance, disant
que ce n'était qu'un peu d' « usure ».

Marie, en le reconduisant, l'interrogea :

— Mais enfin, dites-moi ce qu'il a !

— Je vous le dis, de la fatigue, du surmenage.

— Mais ce n'est pas dangereux ?

— On ne peut savoir.

Quand Marie remonta auprès de Richarme,
il eut cette exclamation :

— Je n'en mourrai pas, dis ?

Il avait donc conscience de son état, et se
sentait touché au plus profond de son être.
Ces luttes l'avaient épuisé ; ce qui les avait
surtout rendues terribles, c'était la déception
qui lui était venue du côté des siens. Cet
homme tendre et bon adorait ses sœurs :
leur désaffection lui était atrocement cruelle.

Heureusement, il se trouvait, avenue Niel,
dans des conditions d'hygiène excellentes ;
l'hôtel était bien chauffé par un bon calori-

19.

fère, et l'aération parfaite dans cette large
avenue. En deux mois, Marie eut l'espoir
d'avoir enrayé le mal.

La présence de Richarme était malheu-
reusement nécessaire à Rive-de-Gier : il re-
partit avec la perspective consolante d'un
prompt retour.

— Aujourd'hui, disait-il, je puis m'absenter
sans crainte ; les rouages de la machine sont
si bien graissés qu'elle marcherait seule pendant trois mois, selon l'impulsion donnée.
J'ai des chefs de service de tout repos, des
brigades d'ouvriers hors ligne que j'ai formées
et que je ne donnerais pas pour cinq cent
mille francs : j'ai droit maintenant à recueillir le résultat de mes efforts.

Tous les jours, le courrier le renseignait
sur l'état des affaires : à dix bouteilles près,
il savait ce qu'on fabriquait par jour dans
l'usine.

Il s'imposait la tâche d'une surveillance
assidue et rigoureuse, et n'aurait pas con-
senti à s'en départir un seul jour. Ainsi
Marie aurait voulu qu'il allât en Algérie ; le
climat régulièrement tempéré eût assuré

sa guérison. A ce conseil il répondait :

— Il faut que je reçoive quotidiennement mon courrier, afin que, si besoin est, je puisse partir immédiatement pour Rive. Tant que je n'aurai pas dégagé mes actions, je ne serai pas tranquille.

— Mais ton neveu ne peut-il te remplacer ?

— Mon neveu ? C'est, je crois, un bon garçon, bien qu'il soit difficile de savoir au juste ce qu'il pense : il est un peu jésuite, il n'a aucun élan et ne répond jamais que par oui ou par non. En voilà un qui ne se compromettra pas ! il a du reste une situation assez délicate, placé entre moi et ses oncles et tantes ; il ne lui est pas très commode de garder l'équilibre. Et puis, il est peu courageux ; il passe des journées assis à un bureau, sans écrire ; l'encre sèche dans l'écritoire et le papier reste au buvard. Par exemple, il est têtu ! Quand il a enfourché un dada, il n'y a pas moyen de l'en faire descendre. Voilà une obstination qui pourra lui jouer de mauvais tours.

Richarme partit pour Rive-de-Gier. Marie

se trouva de nouveau dans une solitude que
ses appréhensions rendaient plus pénible.
Elle avait quelques amis dévoués, de bons
camarades qui venaient de temps en temps
la voir, cherchant à faire diversion à la tristesse qui, de plus en plus, l'envahissait. On
lui contait les potins du jour, la chronique
des coulisses.

Les racontars de théâtre avaient été longtemps défrayés par le désir obsédant de
Léonide Leblanc qui intriguait sans trêve
pour entrer à la Comédie-Française. Ce rêve
avait fini par se réaliser : au prix de quels
efforts et de quelles concessions, personne ne
le saura jamais. Sur ces entrefaites, éclate
l'affaire Pranzini ; on trouve dans le coffre-
fort de la de Montille tout un paquet de lettres
signées « Ton Roméo ». On les attribuait à
cette pauvre Léonide, ce qui fit dire à Vitu :
« C'est la dernière victime de Pranzini. »
De tous côtés on s'écriait : « Elle en est bien
capable. » Devant ces clameurs, il fut impossible de faire débuter la nouvelle pension-
naire. Il y aurait un chapitre amusant à
écrire sous ce titre : « *De l'influence de*

Pranzini sur les destinées de la Comédie-Française. »

Ce n'est pas tout : le voyage de noces d'un officier journaliste, disait-on, avait été interrompu par l'autorité. Dans le même fameux coffre on avait trouvé des lettres de lui ; on en citait même une écrite, circonstance aggravante, après le mariage. « C'est à peine si je suis monté sur le ventre de ma femme que j'en ai plein le dos », écrivait-il à son ex-maîtresse. Et le public de rire aux dépens de l'épouse ; c'est ce qu'on ne pardonne jamais.

« Il m'en est arrivé une bien bonne avec Léonide, dit quelqu'un chez Marie. Figurez-vous que je fréquentais assez assidûment son salon ; j'avais été présenté par un ami commun et elle faisait la part plutôt large à la jeune littérature. Je me trouvais avec un bon nombre de confrères arrivés ou presque, on causait de tout, principalement du prochain. Le hasard fit qu'un soir je m'attardai dans des propos de mignarde coquetterie. Nous étions dans un salon servant de serre, avec de grands canapés en encoignure et que masquaient de hautes plantes vertes.

Tous étaient partis à l'anglaise ; je me trouvais seul, à côté d'une femme élégante, coquette et désirable. Jamais je n'avais pensé à lui faire la cour, mais à l'abandon de sa pose, à la façon dont elle laissait aller son corps souple sur les coussins, j'eus la sensation que sa nonchalance se livrait aux audaces qu'il me plairait d'avoir. Il est des heures où les femmes sont en amour comme elles sont en beauté ; elle se trouvait sans doute dans une de ces heures-là, et je respirais en me penchant vers elle les effluves magnétiques du désir en même temps que le parfum émané de sa chair alanguie. Jamais l'*odor di femina* ne m'avait paru plus capiteuse : la conversation s'était faite confidence, et la sympathie de nos esprits était complice de la mutuelle attirance de nos corps. Enfin, j'étais sur le point d'être aussi parfaitement heureux que si j'eusse été prince du sang ou académicien. Mais tout à coup une idée paralysante me traversa l'esprit : je venais de me rappeler ma misère !

» Ce n'était pas que je fisse à Léonide l'injure de la croire absolument vénale, car d'après ce que l'on rapporte d'elle, il lui a sans doute été beaucoup pardonné, tant elle a été aimée. Mais vous n'ignorez pas quelle suite de circonstances m'avait plongé, moi et les miens, dans la plus extrême des gênes. J'étais obligé, par des temps de neige et de glace, de me couvrir d'un paletot d'été : je relevais à peine d'une assez sérieuse maladie, et tout cela inquiétait beaucoup les miens qui m'entendaient rentrer à des heures trop matinales. Donc, j'avais imaginé, pour intercepter l'air qui m'aurait glacé, de me coller des journaux sur tout le corps : c'est le meilleur moyen de se garantir du froid, et j'avais aussi chaud avec ma collection de périodiques qu'avec la pelisse d'un boyard. Par une température hyperboréenne, je sortais en habit, un léger pardessus jeté sur le bras avec désinvolture.

» Mais voyez-vous d'ici la figure de Léonide et son rire, si elle m'avait surpris dans cette tenue d'homme-sandwich ? Je me disais que le fameux Joseph était bien heureux, lui : il pouvait revenir chercher son manteau!... »

On s'imagine la gaîté homérique qui ac-

cueillit cette confidence de l'aimable écrivain,
qui si joyeusement amusait les habitués du
salon de Marie en leur faisant les honneurs de
sa gêne passée.

Derembourg vint voir Marie, et lui raconter
que le traité avec Decroza était rompu, et
qu'il n'avait pas payé les vingt mille francs
de dédit.

— C'est Boucheron qui a mené l'affaire. Il
a dit à Decrozas : « Derembourg veut faire
des *Menus-Plaisirs* un théâtre de comédie ;
s'il est forcé de jouer la pièce, elle sera très
mal montée, comme artistes, décors et costumes. Il est au bout de son rouleau, et ne
veut plus monter d'opérettes. L'orchestre, la
figuration, les choristes, tout cela mange
trop d'argent. — Il serait vraiment inhumain
de faire payer un dédit à ce pauvre homme.
Vous pouvez m'en croire. D'ailleurs, je vous
dédommagerai en vous faisant un beau rôle. »

Les promesses n'avaient rien coûté à Derembourg et Decroza lui avait rendu son
traité.

— Je l'ai déchiré devant elle, dit-il en
riant, sous son nez — qui n'est pas beau,

par parenthèse. Elle me dit alors : « Mademoiselle Colombier, en me le remettant, m'a-
vait dit de ne jamais renoncer à la *Pitchounette*, à moins de vingt mille francs de dédit.

— Colombier vous donnait le conseil d'une
amie, et vous avez été bien « grue » de ne
pas le suivre. » Je vous assure que je me suis
payé sa tête ; je crois que la petite truffe qui
lui tient lieu de nez en était agitée.

— Et Boucheron ?

— Je me suis engagé à lui jouer deux
cents fois un lever de rideau : celui-là ou un
autre, puisqu'il en faut un ! Ça valait bien ça !

— Et Michiels ?

— Il a fait comme Decroza : il s'est con-
tenté de la sainte parole. Tant pis pour lui ;
on n'est pas bête comme ça !...

La reconnaissance est un lourd fardeau.
Decroza avait une femme de chambre qui
la dominait, au point qu'elle la traitait en
égale : elle prenait ses repas avec sa maîtresse quand par hasard celle-ci était seule.
Plusieurs fois Marie, arrivant à l'improviste,
entendait un remue-ménage de couverts en-
tre-choqués, comme si l'on eût desservi à la

hâte; mais, dans la précipitation, on oubliait
toujours quelque chose qui trahissait la présence antérieure d'une deuxième personne
à table. Marie croyait à une liaison de cœur
inavouée et inavouable; elle ne comprenait
pas la mauvaise humeur de la femme de
chambre quand par hasard elle acceptait à
déjeuner. Decroza cherchait à l'excuser :
c'est la nièce d'un colonel; elle ne connaît
pas le service. — Mais elle découvrit que
la soi-disant nièce du colonel était intime
avec son cocher : tous deux s'entendaient
comme larrons. Dans son besoin de confidences, Decroza vint conter la chose à Marie :
« Que voulez-vous ? disait-elle. Plutôt que
d'être seule à table, je ferais monter ma
portière pour manger avec moi. »

Elle ne fit que changer de visages, car la
femme de chambre fut remplacée par une
dame de compagnie, ex-cabotine dans une
troupe de province, et le cocher par le mari
de la cabotine, régisseur de la troupe. Ils
menèrent la maison et Decroza. Craignant
que Marie ne signalât leur petite exploita-
tion, ils agirent sur le caractère de la demoi-

selle, et firent si bien que, peu à peu, les relations se refroidirent. Cette femme, qui parlait de se faire hacher comme pâté pour celle qui avait réalisé ses ambitions, ne tarissait pas en menées perfides de toute sorte. Son engagement avec Samuel subsistait toujours, malgré le congé accordé, les Menus-Plaisirs ayant essuyé le feu ; mais comme Samuel venait de prendre la direction des Variétés, il trouva moyen d'annuler l'engagement. Ainsi fut détruit ce que Marie avait voulu édifier, avec tant de persévérance : une situation d'artiste. Depuis, Francine Decroza s'est fait admirer dans les avant-scènes, mais elle n'est plus remontée sur les planches d'un théâtre parisien.

Richarme revint de Rive-de-Gier plus fatigué et plus malade que lors de son dernier voyage. Marie désirait avoir sur sa santé l'avis d'un autre médecin que celui qui le soignait habituellement ; pour lui donner satisfaction, Richarme fit appeler une sommité médicale, et la conclusion de cette consultation fut qu'il avait une inflammation de l'aorte : il devait aller à Vichy.

Prenant Marie à part, le docteur lui dit en
confidence qu'un malheur pouvait se produire d'un moment à l'autre, soit par une
émotion, heureuse ou pénible, soit à la suite
d'un effort physique. Elle devait donc prendre
ses précautions, s'il y avait lieu, car, en entrant un matin dans sa chambre, elle pouvait
le trouver froid dans son lit.

L'horrible, l'épouvantable chose ! On ne
peut s'absorber dans son inquiétude, dans
son désespoir : il faut se dire que le chagrin
vous laissera désemparée, mais vivante, et
qu'en perdant une affection unique, vous
perdez aussi le moyen de vivre, et que la misère, pire que la mort, est là qui vous guette.
Un ami de Richarme qui, dans les commen-
cements, avait été hostile à Marie, et qui, depuis, paraissait s'être amendé, vint le voir et
offrir à Marie de lui parler, de solliciter ses
confidences sur les précautions qu'il comptait prendre pour assurer son avenir. La
pensée que cet homme, à qui toute émotion
était interdite, allait avoir à se prononcer sur
ses dispositions testamentaires, à envisager
l'hypothèse d'une mort prochaine, serra

épouvantablement le cœur de Marie ; elle se
dit : « *Tout*, plutôt que de lui infliger le
supplice de songer à ces affreuses choses !
Jamais je n'aurai ce courage. Il fera ce
qu'il voudra. S'il pense à moi, c'est bien ; s'il
ne croit pas me donner cette dernière preuve
de tendresse, tant pis ! mais je ne provoque-
rai pas une émotion qui peut être funeste. »

Ainsi répondit Marie aux offres de M. Jéramec, penchée sur l'appui du balcon de la
chambre où sommeillait Richarme.

Elle accompagna son ami à Vichy. Oh ! le
triste, l'épouvantable voyage, où, l'esprit
hanté par l'affreux malheur dont elle pres-
sentait l'approche, elle ne s'endormait que
pour tomber dans d'affreux cauchemars,
moins affreux cependant que le cauchemar
qu'elle subissait à son réveil, quand il fallait paraître confiante, presque gaie, le sourire sur les lèvres, pour tromper Richarme
sur son terrible mal ! Il ne pouvait rien supporter, ni l'eau qu'il fallait boire, ni les douches : le massage seul avait le pouvoir de
calmer sa souffrance aiguë. Marie en avait
fait l'expérience sur elle-même à Aix : aidée

des conseils du médecin de Vichy, elle s'était
mise à le masser. Étant toujours près de lui,
elle lui évitait l'ennui des heures fixes : la
nuit, quand la douleur s'exaspérait, il l'appelait près de lui ; par l'influence presque ma-
gnétique de sa tendresse, elle endormait ses
souffrances. La cure se bornait donc à des
promenades sur les bords de l'Allier. Marie
suivait le traitement qui consistait pour elle
en verres d'eau de la Grande-Grille alternant
avec la source de l'Hôpital, douche et massage. Le grand-duc Alexis venait d'arriver à
Vichy ; plusieurs fois, elle l'avait rencontré
à la source ; il ne la reconnaissait pas. Quoi ?
elle était changée à ce point ? Un matin
qu'elle faisait sa réaction au bord de l'Allier, dans ce merveilleux parc qui enserre
tout un côté de Vichy, le grand-duc se pro-
menait avec son aide de camp ; il s'amusait à
jeter des cailloux dans la rivière où son chien
plongeait pour les rapporter à son maître. Le
grand-duc et Marie, venant en sens inverse,
se croisèrent : ils se trouvèrent face à face.
Marie sentait le coup d'œil indifférent de l'Altesse ; elle s'arrêta brusquement devant lui :

— Vous ne me reconnaissez pas, monseigneur ? demanda-t-elle.

Il la dévisageait, en faisant un signe négatif.

Elle nomma :

— Marie Colombier.

Et, la main tendue, elle s'avançait ; sans doute la voix lui avait laissé un souvenir plus durable, car il prit la main qu'on lui offrait, et de s'écrier :

— Vous ! c'est vous ? — Vrai, je ne vous aurais pas reconnue ! Il y a longtemps, du reste.

— Quinze ans, monseigneur.

Marie se disait, navrée :

— Comment, je suis changée au point qu'on ne me reconnaisse pas !

— Et vous êtes pour longtemps encore à Vichy !

— Jusqu'à demain. J'ai fini ma cure. Je suis bien heureuse d'avoir rencontré monseigneur dans cette promenade solitaire, ce qui m'a permis de me rappeler à son souvenir.

— C'est égal, comme on change ! répétait

inconsciemment le grand-duc en s'adressant
à son aide de camp que Marie reconnaissait
pour l'avoir déjà vu à Naples avec l'Altesse.

— *Comme on change !* Oui, c'est bien
vrai, se disait Marie en considérant le grand-
duc.

Il n'y avait pas qu'elle de changée ! Sur
le fils et frère d'empereur, sur cet heureux
de la vie, le temps avait marqué son em-
preinte impitoyable. Après une dernière
pression de main, en se souhaitant bonne
cure et bon voyage, ils continuèrent en
sens inverse leur promenade.

A quelque cent mètres de là, Marie rencontrait son médecin, celui qui, deux fois par
jour, venait voir Richarme ; il répondit avec
hésitation à son salut. Elle s'avança et lui
dit :

— A tout à l'heure, docteur.

Alors le médecin, avec empressement :

— Oh ! excusez-moi, madame, je ne vous
reconnaissais pas.

— Non seulement je vous excuse, docteur,
mais vous m'enchantez ! Figurez-vous que
je viens de rencontrer le grand-duc, qui lui

non plus ne m'a pas reconnue. D'ailleurs,
je suis drôlement ficelée, avec ma grande
mante de paysanne, ma voilette blanche, que
la chaleur me colle au visage, et mes gants de
fil. Quand je pense que j'ai osé tendre la
main au grand-duc dans cet accoutrement !...
C'est égal, docteur, vous m'avez fait joliment
plaisir en ne me reconnaissant pas. Pensez
donc, il y a quinze ans que je n'avais vu le
grand-duc, et vous, je vous vois deux fois
par jour! A tout à l'heure, docteur, à tout à
l'heure.

CHAPITRE X

L'entêtement d'un joueur, ou ils l'ont échappé belle.
— La grâce, en souriant, console la souffrance. —
Tendresse suprême. — Le Chemin de la Croix. —
Rapprochement familial. — Morale pratique. —
Sous l'aile de la Mort.

On décida d'abréger le séjour de Vichy où
les heures passaient lamentablement tristes,
dans cette chambre d'hôtel qui n'avait rien
du confortable nécessaire à un malade. Richarme était obligé de s'arrêter aux usines
avant de venir à Paris pour retrouver le séjour commode et sain de l'avenue Niel, la
pièce haute et grande, égayée par les arbres
qui laissent circuler l'air. Marie ressentait
une grande inquiétude à le voir ainsi voyager
seul. Le médecin de Vichy n'avait pas osé

lui administrer les douches, même les plus
faibles, dans la crainte d'un saisissement qui
aurait été funeste ; un faux mouvement, à la
montée ou à la descente du wagon, pouvait
amener le même résultat. Et il s'obstinait à ne
pas vouloir être accompagné même par un
domestique ! Lui dire le danger qu'il courait
était impossible. Marie se consumait d'impuissance et d'anxiété. Le médecin défendait
à Richarme l'air enfumé de Rive-de-Gier,
d'où chaque fois il revenait plus malade, ses
poumons ne pouvant supporter cette atmosphère viciée. Mais se croyant guéri, dès
qu'il allait mieux, il se laissait reprendre par
la nostalgie de l'usine ; ordonnances des médecins, pleurs, supplications, rien n'y faisait :
il lui fallait repartir.

Enfin, on atteignit l'hiver ; le docteur
ordonna le climat tempéré du Midi. Marie
connaissait la propriétaire du château de la
Turbie, occupé depuis par le tsarewitch :
cette femme, qui n'avait pu louer sa propriété et qui avait besoin d'argent, offrit de
la lui louer au mois, au lieu de la saison, à
un prix relativement inférieur. On accepta

et on partit. Le médecin avait dit à Marie :

— Tâchez de le distraire de son mal ; faites qu'il oublie le diabète qui l'envahit.

Richarme avait une telle volonté de guérir, qu'il acceptait toutes les médications, même les plus répugnantes. Elle n'avait qu'à lui dire : « C'est la vie. » Elle commençait presque à espérer, non la guérison complète, mais la continuation d'un état languissant. On devient égoïste pour ceux qu'on aime, et tout semble préférable au malheur de les perdre. Quand le mal avait fait explosion, les médecins avaient déclaré que c'était une question de trois mois, et qu'on ne pouvait espérer qu'il irait au delà ; il y avait de cela dix-huit mois ! Richarme disait à Marie :

— Soigne-moi bien, guéris-moi ou prolonge-moi ; il me faut cinq ans pour mener à bien mes affaires, sortir de mes embarras et te laisser la fortune que je rêve pour toi.

Tous les jours on faisait des promenades en voiture le long de la Corniche ; on s'arrêtait à Monte-Carlo, où Richarme, très dilettante, avait plaisir à écouter la musique d'un admirable orchestre, dans ce pays de

rêve, du haut de cette terrasse qui domine
la grande bleue et où se trouvent réunies les
plus merveilleuses richesses de la flore des
tropiques ; ils s'attardaient le plus possible,
elle et lui, — la tristesse et la maladie, —
sous ce ciel d'enchantement, dans ce décor
de beauté et de joie. On rencontrait des
connaissances, on se groupait dans le coin
le mieux abrité de la terrasse, et on y organisait une petite potinière. En voyant à Richarme la mine presque gaie, l'esprit libre,
personne ne voulait croire qu'il était touché aux sources mêmes de la vie par cette
maladie impitoyable qui a nom diabète, albu-
minurie. On taxait d'exagérées les précautions que Marie lui imposait, son refus de
dîner en bande à l'Hôtel de Paris ou au Nouvel
Hôtel ; elle savait qu'il suffoquait dans les
salons surchauffés par le gaz ou la chaleur
qui se dégage d'une foule. Elle invitait quelquefois à déjeuner ou à luncher à la Turbie,
en haut du perron de marbre, auquel donnaient accès deux grands escaliers aux larges
dalles en pente douce, qui en rendaient
la montée facile : les rampes à colonnettes,

également en marbre, étaient toutes recouvertes de rosiers, d'héliotropes grimpants et de jasmins qui répandaient leur parfum dans l'air comme un encens subtil.

Chez elle, Marie limitait les invitations, de façon à distraire le malade sans le lasser ; elle composait un menu substantiel qui ne fatiguât pas l'estomac. Richarme avait conservé un bon appétit, et digérait assez bien, grâce à la variété des mets.

A un de ces déjeuners, on parlait d'une petite conspiration de palais. Le privilège de la maison de jeu, tributaire de la principauté, allait expirer : l'autorité refusait de le renouveler à moins d'une redevance supérieure de plusieurs millions ; on demandait en plus le tracé et l'entretien de certaines routes, la construction d'églises... La maison de jeu hésitait à se prononcer, trouvant les exigences un peu excessives. Pendant que le conseil assemblé délibérait sur le refus ou l'acceptation, ne croyant pas pouvoir être supplanté, un incident assez amusant se produisit.

Un Américain, propriétaire d'un grand

journal, entra avec une bande d'amis dans les salons de jeu ; ils avaient bien dîné et fêté largement les crus de France. Comme ils arrivaient, le croupier annonçait les trois dernières. L'Américain déclare qu'il a envie de jouer et qu'il veut que l'on continue la partie.

— Ce n'est pas possible, répond le commissaire des jeux ; il y a un règlement, et fussiez-vous le prince de Galles, que vous devriez vous y soumettre : nous sommes forcés de l'appliquer.

Grande colère du joueur évincé : pour n'être pas prince du sang, il n'en était pas moins habitué à se passer toutes ses fantaisies, et cette rébellion contre son autorité le fit mettre dans une rage froide, qui voulait une vengeance. Il s'en fut, déclarant qu'on entendrait parler d'eux. La nuit, loin d'apaiser sa rancune, l'exaspéra, et, le lendemain, il chargeait un de ses amis, dont la fortune égale celle des Gould et des Vanderbilt, d'aller trouver le gouverneur de la principauté et de lui dire : « Vous voulez des millions ? nous les donnerons ; des églises ? on les construira ;

des routes ? on les tracera. » *L'usine* s'émut ; elle répondit : « Les établissements sont à nous, nous les gardons. — Qu'importe ? réplique l'Amérique : nous construirons casino, théâtre, hôtels, etc., etc. » Mais, de *l'usine*, on avait pris peur, et vite de répondre *oui* à toutes les exigences et d'enlever le privilège.

Pour combler la différence, on tint secret pendant quelques jours ce renouvellement ; les porteurs de titres, affolés, croyant l'affaire en danger et craignant d'être surpris par la baisse, vendirent, pendant que, de *l'usine*, on donnait des ordres d'achat. Le tour était joué.

— Il leur en arrive parfois de bien bonnes, et tout n'est pas rose dans le métier ! Figurez-vous qu'on a été à deux doigts de la grève, comme chez les mineurs ! Un heureux ponte — ce n'est pas moi, hélas ! dit le conteur ou plutôt la conteuse, — avait glissé quelques pièces d'or dans le cou d'un croupier : on s'en est aperçu, on l'a fouillé, on a trouvé sur lui trois pièces, trois louis. Il est cassé immédiatement ; tous les croupiers, qui sont plus ou moins sujets à caution, prennent parti

pour leur camarade, et tous les chevaliers du
râteau menacent de se mettre en grève, si
François n'est pas réintégré dans ses hautes
fonctions. *Et il est rentré.*

Et Blanche Thil scandait les mots, les faisant tinter, riant à belles dents.

— Comprenez-vous Monte-Carlo sans
jeux ? Pas moi ! Je suis venue ici pour me
donner les émotions du tapis vert : j'en veux
pour mon argent.

Marie avait grande joie à l'inviter ; sa
bonne humeur était si communicative, elle
était si agréable à regarder et à entendre, que
Marie qui, dans son inquiète préoccupation,
avait désappris même le sourire, était heureuse de la gaieté qu'elle donnait à Richarme,
dont la réplique se mettait à l'unisson, quand
Blanche entrait la voir, en passant en voiture
au bas de la terrasse, sur la route qui mène de
Nice où elle habitait, à Monte-Carlo. On sentait que rien ne pouvait troubler l'heureuse
sérénité de cette nature épanouie à toutes les
joies de l'existence ; elle était contente des
autres et d'elle-même, d'une obligeance
prompte et facile, de relations charmantes,

aimée des femmes ses amies, recherchée des
hommes. Son élégance naturelle ressortait
dans ses toilettes signées du bón faiseur ; ses
mains étaient jolies, avec de longs doigts
effilés ; la peau transparente avait une blan-
cheur laiteuse et l'on admirait encore la merveilleuse attache du cou, la nuque adorable,
les cheveux bien plantés sur lesquels de
légers frisons semblaient une mousse aux
reflets dorés. Elle donnait l'impression d'une
des favorites du dix-huitième siècle, d'une
de ces belles à qui l'on voudrait tout demander, à qui l'on ne pourrait rien refuser.

L'assemblée générale de la Société Richarme devait avoir lieu à Rive-de-Gier pour
statuer sur u e distribution de dividendes.
Richarme tenait à y assister. Marie, ne se
fiant pas tout à fait à la science des médecins
de Paris, l'avait supplié d'en profiter pour
appeler en consultation des sommités lyon-
naises. Elle le conduisit jusqu'à Marseille : il
lui promit qu'elle recevrait tous les jours une
lettre ou une dépêche. Marie voulait connaître le résultat exact de la consultation :
elle savait trop, par expérience, combien les

médecins entretiennent d'illusions chez les malades, jusqu'à leur faire négliger tout traitement. Elle s'adressa au docteur de Rive-de-Gier qui devait assister à cette réunion, le priant de lui en dire le résultat. « Richarme retournait près d'elle, à la Turbie ; on le lui renvoyait pour qu'elle adoucît ses derniers jours. » Telle fut la réponse du docteur de Rive-de-Gier.

Hélas ! toutes ces allées et venues lui avaient été funestes ! Le voyage l'avait fatigué, il avait pris froid et il revenait avec une toux plus fréquente et une lassitude plus difficile à surmonter ! Que pouvaient les soins de Marie contre de telles imprudences ? Le docteur Collignon qui venait presque régulièrement deux fois par jour de Monte-Carlo à la Turbie, se montrait inquiet. Après l'aorte, c'était le cœur lui-même qui était pris. Richarme dit à Marie qu'il avait profité de son séjour à Rive-de-Gier pour déposer chez son notaire un testament dont il avait le double qu'il lui remettait décacheté. Il le lui fit lire. Par ce testament, il léguait à Marie, en usufruit, soixante mille francs de

rente ; mais il avait réfléchi, et avait craint
que cette forme de legs n'entraînât la liquidation de la succession, peut-être même de
l'affaire. Il désirait faire un nouveau testament avec d'autres dispositions. Il manda
près de lui M. Valentin, le notaire du prince
de Monaco, et s'informa de la personne à
choisir comme exécuteur testamentaire :
Marie lui proposa Gustave Cahen, son avoué,
ou bien Jéramec, son ami à lui. Ce dernier
choix ne lui plaisait guère : à l'avant-dernière
réunion du conseil de surveillance, il avait
été très ému de l'attitude prise envers lui par
Jéramec, qui affichait des scrupules outrés
et exagérait la responsabilité des membres
du conseil. Ce fait avait laissé, pour longtemps, une ombre très noire dans l'esprit de
Richarme. Mais Marie avait reçu des lettres
de Jéramec, dans lesquelles il s'offrait à faire
venir, au besoin, à la Turbie un des princi-
paux médecins de Marseille avec lequel il
était lié : elles étaient très affectueuses pour
Richarme et pour elle-même. Comme elles
traitaient de sa maladie, elle n'avait pas voulu
les montrer à son ami, mais elle crut devoir

combattre la mauvaise impression qu'avait gardée Richarme. Il se rendit à ses observations, et nomma Jéramec son exécuteur testamentaire, léguant à Marie la moitié de ses revenus en usufruit, le reste à Auguste Deriard, son neveu, et laissant à celui-ci la totalité de sa fortune en nue propriété, à charge de servir une pension à sa cuisinière, une autre à son cocher et, à la mort de Marie, de distribuer cent mille francs aux hôpitaux de Rive-de-Gier. Le testament fut déposé à l'étude de Mᵉ Valentin.

Si la préoccupation de ces dispositions suprêmes ne hâte pas la fin, elle n'en est pas moins épouvantablement triste.

La maladie prenait de jour en jour un caractère plus aigu, qui ne laissait aucun repos au patient. Non seulement Marie le massait comme à Vichy, mais elle avait appris du médecin de Monte-Carlo à lui faire des piqûres de morphine, et la nuit, quand la souffrance tardait à s'apaiser, c'était elle qui introduisait l'aiguille dans sa chair.

Il lui semblait que cette aiguille pénétrait jusqu'à son cœur à elle. Sa crainte de le

faire souffrir, son émotion, la rendaient mal-
adroite et tremblante ; cependant, il n'avait
ni une plainte, ni une impatience. Il n'acceptait les soins de personne, sinon d'elle ; il ne
voulait recevoir que de sa main la potion
destinée à engourdir sa douleur. Au lieu de
coucher dans la chambre communiquante,
elle s'était fait faire un lit à côté du sien, afin
d'être toujours là, pour répondre à son premier appel.

Le cœur était entouré d'eau ; pour le
dégager, on posait au malade vésicatoires
sur vésicatoires : la peau n'avait pas le temps
de se reformer. A peine la vaseline boriquée
saupoudrée d'amidon avait-elle atténué l'inflammation causée par le premier vésica-
toire qu'on en appliquait un second. Quel
martyre !

Richarme l'endurait dans un suprême espoir de guérison. Malgré le voisinage de la
Méditerranée, les chaleurs devinrent étouf-
fantes ; on résolut de quitter la Turbie. Mais
il fallut encore attendre quelques jours le
wagon-salon dont les roues caoutchoutées
rendraient la trépidation moins sensible au

malade. Enfin on put partir. Marie avait obtenu de Richarme qu'il se rendrait directement à Paris et s'occuperait exclusivement de sa santé. Le médecin avait fait pour la route toutes sortes de recommandations : des piqûres de caféine, si la prostration devenait trop grande, de l'antipyrine ou de la morphine pour calmer l'énervement causé par le voyage. Enfin, on arriva à Paris.

Le mal empirait, avec des alternatives de mieux et d'aggravation, des sautes brusques qui affolaient Marie ; l'accès passé, elle se reprenait à l'espoir... Enfin, sur le conseil du médecin, une dépêche fut envoyée à Rive-de-Gier : le neveu de Richarme, Auguste Deriard, mandé à Paris, arriva au moment d'une crise. Il adressa aussitôt un télégramme alarmant à sa mère et à ses tantes. Elles vinrent, sauf une des tantes, qui était souffrante.

Il fallut préparer Richarme à les recevoir : déjà, il lui avait semblé étonnant de voir son neveu chez Marie ; en apprenant que ses sœurs étaient là :

— Je suis donc perdu ? lui dit-il. Pour

qu'elles soient venues, il faut que ce soit vraiment la fin ! Il y a si longtemps que je souffre ! Je ne me rends plus compte de la marche de la maladie.

Il reçut ses sœurs et leur présenta Marie, qui se retira discrètement ; mais au bout de quelques minutes elle était rappelée par Richarme :

— Reste, lui dit-il ; nous n'avons rien à nous dire que tu ne puisses entendre.

Il était presque gai et parlait librement.

Ce que voyant, ses sœurs se décidèrent à repartir le lendemain matin, à moins de complications nouvelles dont Deriard les aviserait : il devait revenir après dîner, et passer une partie de la soirée auprès de son oncle.

Après leur départ, Richarme, se sentant mieux, dit gaîment à Marie :

— Elles ont dû la trouver mauvaise ; elles étaient venues pour assister à mon agonie, et au contraire je vais mieux. Je vais leur faire la *nique* et leur laisser attendre ma fin le plus longtemps possible.

Il semblait qu'en effet la vue des siens l'eût

réconforté ; on eût dit qu'il entrait dans une période d'amélioration.

Le lendemain, ses sœurs prirent le train, et son neveu ne tarda pas à les suivre, le mieux se maintenant.

M. Brunon, sénateur de la Loire, président du conseil d'administration de la Société, vint avec l'un des chefs de la maison Cottet, M. Wolff, voir M. Richarme et s'entretenir avec lui. Avant de se retirer, ils demandèrent à parler à Marie en particulier. Ils s'informèrent si Richarme avait pris des dispositions testamentaires. Sur la réponse affirmative de Marie, ils lui demandèrent si elle les connaissait. Elle répliqua qu'il y avait deux testaments : que le neveu de Richarme était institué légataire universel par son oncle, et qu'il lui laissait à elle la moitié de sa fortune en usufruit.

— Il est regrettable, déclarèrent-ils, que tous les intérêts ne soient pas réunis dans les mêmes mains : la Société n'aurait pas à souffrir des divergences qui peuvent se produire entre plusieurs héritiers ; car, nous savons absolument que M. Auguste Deriard n'acceptera pas la succession. On disait qu'un mariage secret vous unissait à M. Richarme; en tous cas, un mariage *in extremis* simplifierait les choses. Les droits de mutation seraient réduits à trois et demi pour cent.

— Jamais je ne ferai une demande semblable à Richarme! Il connaît mes idées sur le mariage : lui demander cela, c'est lui donner la certitude de sa fin prochaine. Au prix de son héritage, je ne me donnerai pas le remords d'avoir abrégé sa vie même d'une heure.

— Alors, nous allons nous trouver en face de bien des complications, car si son neveu refuse son héritage, nous aurons affaire à toutes sortes de petits collatéraux. On ne remonte pas l'ascendance.

— M. Richarme a fait ce qu'il a voulu : quant à moi, je n'essaierai de l'influencer en rien. Lui dire que son neveu est capable de refuser son héritage serait lui infliger une douleur morale plus horrible pour lui que les douleurs physiques qu'il endure : car ce serait déprécier son œuvre dont, à juste titre, il est si fier.

Quand elle remonta auprès de Richarme, il lui demanda le motif qui l'avait retenue si longtemps; elle lui répéta une partie de la conversation qu'elle venait d'avoir. Ils lui avaient demandé s'il avait pris des dispositions; elle n'avait pas cru abuser de sa confidence en leur en faisant l'aveu. Du reste, il leur paraissait qu'il n'y avait pas péril : Richarme était bien mieux qu'il ne se le figurait. Ces messieurs croyaient à un prompt rétablissement. Mais il leur semblait qu'il y avait peut-être imprudence à laisser la nue propriété de sa fortune à son neveu exclusivement, car il avait triste mine; et puisque Richarme ne voulait rien laisser à ses sœurs, il devrait ajouter une clause portant qu'à défaut de son neveu, légataire universel, sa fortune reviendrait à quelque autre qu'il désignerait. Voilà le mensonge qu'imagina Marie en vue de tout concilier.

— C'est tout ce qu'ils t'ont dit?

— Oui.

— Ils ne m'ont pas trouvé trop démoli?

— Au contraire : il ne s'agit que d'une mesure de précaution exagérée.

— Oui, je comprends, ils veulent garantir leurs obligations, mais ils n'ont pas à s'en inquiéter. Si je disparaissais, il y a encor assez, avec les fonds de roulement, les marchandises et les immeubles, pour rembourse. les obligations; leur clientèle ne perdrait rien. Enfin, j'y réfléchirai.

Le lendemain, Marie recevait une lettre de M. Jéramec; il avait causé avec M. Brunon, et il lui confirmait le conseil donné : se faire épouser *in extremis...*

Revenant sur la conversation de la veille, Richarme dit à Marie :

— Eh bien! j'ai beau réfléchir, je ne trouve pas de solution. J'ai bien un cousin du côté maternel; je le vois très peu, il est marié, père de grands fils, quoique jeune encore : par sa valeur personnelle, il est arrivé à une situation prépondérante dans la compagnie de Paris-Lyon. — Il n'y a guère que lui qui puisse continuer mon œuvre, mais il ne quittera pas sa situation présente... Écoute! Après ma mort on viendra t'offrir le rachat de ton usufruit : ne le *vends jamais.* Je te laisse une fortune pour vivre suivant

tes goûts, ta fantaisie, comme j'aurais voulu
vivre avec toi. Je ne veux pas que ceux qui
m'ont martyrisé, qui sont cause de ma mort,
en profitent *au delà* de ma *volonté*... Si tu
avais un héritier direct, je te laisserais la
totalité de ce que je possède ; mais comme tu
n'as personne après toi, c'est inutile. J'estime
que je te laisse, une fois les dettes payées,
c'est-à-dire quand les actions seront déga-
gées, un minimum de deux cent mille
francs par an, surtout après l'entente avec
Badoit qui ne peut manquer de se faire. A
défaut de mon neveu, dont la... nonchalance
ne m'inspire aucune confiance pas plus pour
l'administration que pour la fabrication, il y
a un homme sur qui je puis me reposer et
qui est de premier ordre : Martel, le chef de
la comptabilité. C'est un modeste, mais très
capable. Toutes les entreprises importantes
que j'ai tentées, j'en ai délibéré d'a-
bord avec lui. Je suis absolument désireux
que l'affaire *reste dans la famille* avec l'appui de Martel ; l'incapacité de mon neveu
ne sera pas un obstacle : elle se main-
tiendra par lui. D'ailleurs, l'élan donné est

tel qu'elle peut se soutenir pendant dix ans !

Hélas, il ne prévoyait pas l'horrible grève qui viendrait enrayer cet essor ; il ne se disait pas que son neveu n'aurait de volonté que pour détruire ce qui lui avait coûté tant d'efforts à édifier. Marie ne pouvait distraire sa pensée de ce que lui avaient dit MM. Brunon et Wolff : *il refusera la succession.*

Alors elle eut cette pensée :

— Pourquoi dit-elle à Richarme, à *défaut* de ton neveu n'instituerais-tu pas la ville de Rive-de-Gier légataire universelle ? De cette façon, ton nom resterait attaché à ton œuvre !

Cette pensée de Marie sembla lui agréer : il demanda qu'on fît venir immédiatement un notaire.

La sœur de Marie était venue la voir avec M. Lalou : elle leur en parla, et M. Lalou s'offrit à faire venir son notaire, qui était aussi celui de sa famille, M. Pehan de Saint-Gilles ; il offrit de même d'amener les témoins nécessaires, ce qui fut accepté.

Mais, dans la soirée, une crise plus violente

terrassait Richarme. Marie, au désespoir de
le voir si bas après avoir espéré presque un
rétablissement, envoya, selon sa promesse,
une dépêche au neveu de Richarme, qui
arriva aussitôt. Le lendemain le malade allait
mieux : il voulut mettre à exécution son
projet de faire un autre testament ; le notaire
et les témoins vinrent pour recevoir ses dispositions.

La pensée de l'acte suprême de volonté
qu'il avait à remplir lui avait rendu une énergie inespérée : il s'était levé. Assis dans un
grand fauteuil, il donna au notaire et aux
témoins l'impression d'un homme qui avait
encore de longues années devant lui, telle
était la vivacité enjouée de son humeur.

Marie fut exclue de la chambre où s'ac-
complissait cette formalité ; elle se tenait dans
le salon du rez-de-chaussée, en compagnie
de M. Deriard et du médecin.

Quand le notaire se fut retiré, Richarme
dit à Marie qu'il avait réfléchi, qu'il avait
modifié ses dispositions et lui laissait les trois
quarts de l'usufruit de ses biens, pour défendre sa situation s'il en était besoin. Il ne

voulait pas que celle qu'il regardait comme
sa femme, qui lui avait donné une seconde
famille, supérieure à l'autre par la tendresse,
la confiance et le dévouement fût jamais aux
prises avec les difficultés matérielles de
l'existence. Mais l'effort de volonté qui avait
soutenu Richarme amena une réaction : il
retomba plus bas qu'il n'avait jamais été.
Marie exigea absolument une consultation de
deux des premiers médecins de Paris ; à cet
homme qui ne pouvait plus rien absorber on
ordonna des *œufs durs !* Cela semblait tellement fou à Marie qu'elle crut avoir mal compris ; elle insista : « Des œufs à la coque ? sur
le plat ? mais, durs !... il en étoufferait !...
— Non, non, des œufs durs ! » Naturellement, après les premières bouchées, il les
rejetait.

Alors commença, avec des progrès visi-
bles, d'heure en heure, le travail de la
mort.

La parole devint indistincte ; les lèvres du
malade remuaient en vain. La faiblesse
étouffait les mots dans sa gorge, arrêtait au
passage les suprêmes accents de la voix

chère qui bientôt ne serait plus qu'un souvenir. Malgré cela, une impatience angoissée
le chassait du lit, où on ne pouvait le retenir ;
il faisait quelques pas hésitants dans la chambre, en proie à cette inquiétude qui affole les
mourants comme s'ils attendaient du mouvement la délivrance du mal qui les oppresse.
Puis il allait retomber de lassitude sur les
piles d'oreillers, vaincu par sa faiblesse. Depuis dix nuits, Marie ne s'était pas couchée ;
le malade la voulait là, tout près de lui, afin
de s'endormir la main dans sa main, d'un
assoupissement passager ou de l'irrévocable
sommeil. Heureusement pour elle, l'excès de
la fatigue lui procurait cet anéantissement
de la pensée, dans lequel se noient les pires
douleurs.

Une atmosphère de fièvre et de mort régnait dans la chambre, comme si l'ange du
sépulcre l'eût couvée sous ses ailes pe-
santes ; on ouvrait la fenêtre afin qu'un peu
d'air s'y glissât, mais rien n'en pouvait chasser cette torpeur funéraire. Le neveu de Richarme était là avec la religieuse que le médecin avait fait demander pour aider Marie.

On entendait la respiration rauque du patient ; de temps en temps, Deriard ou la religieuse se levait pour introduire entre les lèvres un petit tube communiquant à un ballon d'oxygène. Des voix fraîches et puériles montaient joyeusement de l'avenue ; c'était une ronde d'enfants qui, sur le trottoir, chantaient en dansant :

> Nous n'irons plus au bois,
> Les lauriers sont coupés.

Marie sentit les doigts de son ami trembler dans sa main ; elle se souleva, elle recueillit un soupir, un souffle, le dernier.

Ce souffle emportait l'espérance dans laquelle Marie avait lutté contre la mort, il emportait aussi sa volonté et ses forces. Au pied du lit où gisait Richarme, elle s'abîma dans un sommeil de brute. Et dans la chambre régnait, sublime et terrible, le mystère de la tombe, plus grand que celui de l'amour.

CHAPITRE XI

Haine sacrilège. — Luttes autour d'un héritage. —
Désarmement imprudent. — Arrivée de Séverine à
Monte-Carlo. — Avertissement de la seconde vue.

Le service funèbre eut lieu à Saint-Ferdi-
nand. Tous les amis de Richarme et ceux de
Marie se pressaient dans l'église : les illus-
trations du monde des affaires y coudoyaient
celles de la littérature.

Jules Jaluzot vint à Marie, et lui serrant la
main :

— Pleurez, lui dit-il ; vous ne pleurerez jamais assez un ami comme celui-là.

De tous les côtés, Marie recevait des té-
moignages de bonne amitié.

Voici ce que lui écrivait Arsène Houssaye :

Chère amie,

Je suis mourant depuis six mois : c'est ce qui
m'empêche d'aller te serrer les mains et d'aller
saluer le cercueil de ce tant galant homme qui
s'appelait Richarme, et qui laissera un souvenir
charmant chez tous ceux qui l'ont connu.

Voilà le véritable ami ! Et je prends une grande
part de ton chagrin, car ces hommes-là ne se re-
trouvent pas. J'aurais voulu qu'il fût mon frère,
et je lui garde une place dans mes meilleurs souvenirs. Viens me voir ; nous parlerons de lui, ce
qui te fera du bien au cœur.

Je t'embrasse.

ARSÈNE HOUSSAYE.

On transporta le corps à la gare de Lyon.
Dans un wagon spécial avait été disposé un
catafalque, avec les tentures noires semées
de larmes blanches, et les torches allumées.
On y plaça le cercueil. Le prêtre prononça
les paroles consacrées au milieu d'une ardente vapeur d'encens, et aspergea le cercueil selon les rites, avec le rameau d'hysope.
Le compartiment était rempli de gerbes et
de couronnes ; toutes les sympathies con-
fondaient leur hommage dans ce tribut de

fleurs accumulées aux pieds du catafalque.
Ces fleurs offertes dans un sentiment si sincère, consacrées par la bénédiction du prêtre,
ne devaient pas suivre le mort jusqu'à sa demeure suprême ; une haine implacable jusqu'au sacrilège ne le permit pas : gerbes et
couronnes furent jetées dans le Gier, non
pas même dans une eau vive qui eût emporté
ces innocentes corolles, mais dans l'espèce
de bourbier que forme en cette saison le
Gier à Rive Cette impiété rapportée à Marie
aurait dû, en lui prouvant qu'une telle haine
ne désarmait pas même devant la tombe,
lui faire pressentir que la compagne et l'hé-
ritière du mort ne serait pas épargnée dans
l'avenir.

Après la mort de Richarme, le médecin
dit à Marie :

— A votre tour, soignez-vous ; il n'est que
temps !...

Ces deux années de lutte avaient été
épouvantables : l'inquiétude, le chagrin,
avaient développé en elle le germe de cette
horrible maladie qui a nom diabète. Ses ra-
vages ressemblent à ceux que le ver blanc

fait subir aux plantes les plus vivaces ; on les voit se ternir, tandis que leurs feuilles se penchent et que leurs rameaux se détachent. La tige seule subsiste, puis l'écorce s'effrite, et il ne reste plus qu'une racine, dont l'intérieur est rongé ! Ainsi en est-il de la plante humaine. Tous les jours, une parcelle de vous, un peu de vos forces vitales, se désagrège ; on peut, comme sur le végétal, suivre les progrès de la maladie. On ne meurt pas du diabète, mais l'affaiblissement qui en résulte pour notre constitution nous prédispose et nous prépare à tous les maux. Quelle difficulté pour les soigner, soit par la ponction, si c'est une pleurésie ; soit par les vésicatoires, si c'est une pneumonie !

Ou bien encore la maladie passe dans l'économie générale, s'infiltre dans le sang, qu'elle vicie ; et ce sont alors des désordres qui échappent à l'analyse et, le plus souvent, aboutissent à la phtisie.

C'est ce qui avait eu lieu pour M. Richarme : tous les organes avaient été atteints, le cœur, le foie, les poumons. Marie n'en était qu'à la première période ; avec un régime

sévère, on pouvait encore enrayer le mal,
mais, avant tout, il fallait la quiétude matérielle de la vie, et l'air salubre de la campagne.

A Rive-de-Gier, on était renseigné sur sa
situation : on savait qu'elle n'avait pas
d'autre fortune que celle que lui avait laissée son ami.

Après avoir nommé un gérant provisoire,
il fallait nommer un liquidateur de la succession. M. Thévenet, ancien ministre, sénateur du Rhône et conseil de la maison Cottet,
voulut bien accepter de servir d'intermé-
diaire officieux ; il dicta à Marie une lettre
au président du tribunal de Saint-Etienne,
lui demandant de désigner M. Feys en qui
elle avait une entière confiance, et qu'elle
regardait comme absolument intègre. C'était
la première fois qu'elle entendait le nom de
M. Feys, mais M. Thévenet lui en répondait.
Il fut nommé. M. Deriard avait tellement entendu dénigrer l'affaire par son père, qu'il
en croyait les charges trop lourdes pour les
bénéfices ; mais pendant les six mois qui suivirent la mort de M. Richarme, Martel, nommé

gérant par intérim, lui fit apprécier la situation. M. Thévenet fut chargé de pressentir
Marie sur la cession de son usufruit ; on lui
en offrait six mille francs de rente viagère :
c'était tout ce qu'elle pouvait espérer jamais.
L'affaire de la verrerie, lui disait-on, était
bien moins brillante qu'elle ne l'avait sup-
posé. Elle refusa. De six mille, l'offre monta
à dix mille, puis à quinze, à vingt, à trente,
et enfin à quarante mille francs en viager,
plus une somme en argent comptant, moyennant quoi elle renoncerait à son usufruit.
Mais elle ne pouvait répondre que par un
refus, M. Richarme lui avait trop clairement
exprimé ses intentions, il l'avait trop bien mise
en garde contre les agissements dont elle
devait être l'objet. Marie demeurant inébran-
lable, M. Thévenet déclara qu'il lui retirait sa
médiation.

— Si Richarme avait pu prévoir cette situation, lui dit-il, il serait le premier à vous
donner le conseil d'accepter.

Du reste, le lendemain même, M. Dériard
revenait sur la proposition dont M. Thévenet
s'était fait le porte-parole. Marie était de plus

en plus malade ; les médecins, à son tour, l'avaient condamnée : à quoi bon aliéner l'important capital de la rente qu'on lui offrait ? Une éventualité peut-être prochaine ne pourrait-elle pas faire à la succession l'économie de cette charge ?

Peu après la mort de M. Richarme, Marie avait envoyé au notaire de Rive une liasse de papiers ; on y trouva trois ou quatre cent mille francs de valeurs, mines de la Péronnières et autres ; elles furent versées à l'actif de la succession. Ce procédé si naturel provoqua des commentaires :

— Un tel envoi, dit le neveu, a été fait pour que j'accepte la succession. Mon oncle aura sans doute souscrit des valeurs pour une somme considérable ; si j'avais la simplicité d'accepter, purement et simplement, je me trouverais forcé, un jour, de faire honneur à la signature de ces valeurs.

C'était bien mal connaître la haute moralité de M. Richarme que de le supposer capable d'une semblable action vis-à-vis de son légataire universel.

Entre temps, le frère de M. Laurent Barot,

directeur de la verrerie Badoit, était venu proposer à Marie de rembourser la dette successorale, et de se mettre aux lieu et place des créanciers, à condition de lui attribuer la gérance de l'affaire. Elle déclina cette offre avantageuse, par respect pour la promesse faite à M. Richarme. Elle avait un certain mérite à persister dans le choix de M. Deriard comme directeur. Témoin ce passage de la lettre que lui adressait M. Jéramec le 23 septembre 1892 :

« *Quant à la gérance, je ne crois pas M. Deriard capable de la porter avec habileté et ardeur au point de vue commercial, avec sang-froid, autorité au point de vue de la main-d'œuvre. C'était bien l'avis de M. Richarme ; ayant eu son neveu comme employé de longues années, il était bien placé pour le juger.* »

Les délais fixés par la loi allaient expirer. L'entrepositaire de la Verrerie Richarme à Paris offrit à Marie son intervention. Ses relations avec la famille le mettaient en situation d'être écouté. Il partit pour Lyon. Des pourparlers s'engagèrent par correspondance;

on n'arriva qu'à perdre du temps. Enfin, sur la demande faite par l'entrepositaire d'une procuration illimitée, Marie partit à son tour pour Lyon. Mais elle n'entendait rien aux affaires ; son avoué de Paris et M. Thévenet s'étaient désintéressés, devant son refus de toute transaction. Elle pria madame Derembourg, avec laquelle elle s'était liée, de permettre à son mari de l'a, sister. Il partit donc avec elle. Les pourparlers se continuèrent entre les représentants de la maison Cottet, mandataires des porteurs d'obligations, et les représentants de Marie ; ils étudièrent ensemble les bases d'une entente. Au cours de ces pourparlers, les mandataires de Marie acceptèrent une invitation à déjeuner chez M. Deriard, à Rive-de-Gier. Que se passa-t-il entre la poire et le fromage ? Ils revinrent annoncer à Marie que *tout* était arrangé ; ils avaient accepté pour elle une convention dont on venait d'arrêter le principe. Elle consentait à laisser prélever sur les bénéfices, avant toute distribution de dividendes à l'action, la somme nécessaire à l'achèvement de la reconstruction des magasins de vannerie incen-

diés ; de plus, cinquante mille francs pour
une commandite où l'entrepositaire de Toulouse, se sentant sans contrôle, avait engagé
la maison. Pour faciliter cette liquidation,
elle acceptait un forfait qui limitait son usufruit à cinquante mille francs, quels que
fussent les bénéfices, pour une période de
près de sept mois à partir du 9 juin, époque
du décès de M. Richarme, jusqu'au 3ᵉ décembre 1892.

Elle ne *céderait* pas son *usufruit*. M. Deriard acceptait la succession sous bénéfice
d'inventaire, ainsi que la direction de l'usine,
mais sous réserve qu'elle autoriserait la transformation de la présente société en commandite en une société anonyme. Pour rendre
l'acceptation de la direction plus facile à
M. Deriard, elle faisait à celui-ci l'abandon
de sa voix prépondérante dans les assemblées,
ce qui lui assurait la majorité des suffrages.
A l'énoncé de cette clause, Marie eut le sentiment d'un danger : « Comment, dit-elle,
avez-vous pu y consentir ? M. Richarme a
fait un troisième testament pour trouver le
moyen de sauvegarder mes droits : cette voix

prépondérante lui a paru le plus sûr de tous,
et vous m'en faites faire l'abandon ? » Les
mandataires répondirent : « Mais avec votre
usufruit *incessible*, n'êtes-vous pas toujours
libre de révoquer cette clause le jour où l'on
voudrait la tourner contre vous ? Jusque-là,
vous aurez souci de maintenir la convention
que nous avons acceptée en votre nom, et
puis, enfin, c'est la condition absolue imposée
par M. Deriard : sinon, il n'accepte ni la succession ni la direction. Dans ce cas, l'on de-
mandera la liquidation de la société en commandite ; pour payer la dette successorale, il
faudra vendre des actions ; cette vente forcée
amènera la dépréciation des cours : la nue
propriété, et par conséquent l'usufruit, y
passeront. » Marie se laissa persuader ; elle
acquiesça.

Mais cet abandon de sa voix prépondérante,
qu'on exigeait d'elle, n'allait-il pas rendre
illusoire une précaution essentielle du testateur ? N'était-ce pas une violation formelle
des termes qui instituaient son usufruit
incessible et *insaisissable* ? Sans s'arrêter à
cette clause qu'on lui représentait comme

étant d'une importance secondaire, elle vit
avec soulagement, dans la transaction pro-
posée, la fin d'une incertitude, la terminai-
son d'une situation pénible, dont elle était
lasse, et elle signa le texte qui lui était soumis.
Elle était bien loin de soupçonner quelle
arme de guerre on en allait faire contre elle...

Le médecin avait prescrit à Marie, dont la
robuste santé était tout à fait compromise, le
climat du Midi : on lui ordonnait de rompre
avec ces habitudes de vie solitaire qu'elle
avait contractées depuis la perte de Richarme.
Elle sortait le matin, à la première heure, se
donnant le prétexte de promener ses chiens ;
elle rentrait et ne quittait plus le grand canapé
de son cabinet de toilette où, rideaux et persiennes fermées, elle se complaisait dans son
chagrin et ses regrets. Elle en était arrivée à
un véritable détraquement des nerfs ; la nuit,
elle s'éveillait d'un pénible sommeil, obtenu
par des soporifiques ; elle croyait voir Richarme debout, les bras appuyés au pied de
son lit, selon sa coutume, et causant, tandis
qu'elle était couchée. Elle s'imaginait l'entendre prononcer son nom, l'appeler.

Le médecin lui ordonna de partir pour le Midi, lui disant d'aller où elle trouverait des amis, des connaissances ! Pas de solitude ! Nice ou Monte-Carlo lui paraissaient préférables : surtout Monte-Carlo. La ville était mieux abritée, et elle s'y trouverait au milieu d'artistes de toutes sortes. Le docteur se montrait fort inquiet d'une toux persistante, qui lui secouait la poitrine de quintes violentes et amenait d'abondants crachements de sang, ce qui faisait croire à tous qu'elle était perdue et qu'elle ne tarderait pas à rejoindre son ami. Mais l'effet du voyage fut le contraire de celui que le médecin avait attendu. En se retrouvant dans ce pays où l'année précédente elle avait été avec Richarme, en refaisant seule leurs anciennes promenades, ses souvenirs et sa douleur se ravivaient. Elle restait là, cependant, échouée sur ce rocher, comme une âme en peine.

Elle était descendue dans un hôtel de famille tenu par la charmante madame Ravel, la veuve du spirituel comédien. Dans cette maison fréquentaient les artistes en représentations au théâtre dirigé par Raoul Guns-

bourg avec tant de... maëstria. — Une amie,
Séverine, sachant Marie dans la principauté,
lui avait écrit, la priant de choisir un logement pour elle et pour sa mère, madame Remy. Elle eut l'heureuse chance de
s'entendre avec un des directeurs du nouvel
hôtel, qui réserva à l'entresol un salon
d'angle, avec deux chambres ayant vue sur
la place et sur la mer. Marie prit plaisir à
orner de fleurs le salon, à faire pétiller un
bon feu de bois ; un souper froid attendait à
minuit les voyageuses. Marie était dans une
recrudescence de son mal, elle ne pouvait
sortir le soir. Le lendemain, Séverine et sa
mère surtout lui exprimèrent leur reconnaissance d'avoir si bien compris la joie qu'elles
auraient à se trouver à la fin d'un voyage
aussi fatigant, presque dans l'intimité du
chez-soi.

— Ces fleurs, ce bon feu de grosses bûches
pétillantes, ont ravi maman, disait Séverine.
Vous savez, ma grosse, vous avez en elle une
amie ! Et puis, c'est pas tout ça : vous n'allez
pas rester malade. Je vais vous soigner, moi,
vous distraire surtout.

C'est ce qu'elle chercha à faire. Tous les jours, on se réunissait en pique-nique : on faisait des excursions le long de la Corniche, et on se retrouvait le soir à dîner, soit au Café de Paris le plus souvent, soit au Nouvel-Hôtel, où Noël, l'un des propriétaires, composait pour ses convives des menus d'une fantaisie délicate, et couvrait la table des plus belles fleurs, faisant plus de frais pour les princes des arts que pour les princes du sang. Outre Séverine et sa mère, il y avait Chartran, retour de Rome, où il était allé fixer sur la toile les traits de Sa Sainteté Léon XIII : il était venu rejoindre la nouvelle madame Chartran, qui attendait à Monte-Carlo ; Forain et sa femme, qui inventa, avant Cléo, les longs bandeaux botticellesques, qui allaient si bien à la délicate beauté de ses traits ; Alfred Stevens ; parfois Gunsbourg, fêtant le passage des artistes en renom qu'il avait engagés, les de Retzké et autres.

On avait l'étonnement d'une autre Séverine que bien peu ont connue, coquette, élégante, habillée par le bon faiseur, chapeautée merveilleusement par Auguste Lévy, très

amincie, presque maigre. Et ses yeux! des
yeux aux reflets changeants, qui ont l'air de
regarder au delà, pendant que la lèvre se
marque d'un pli douloureux ; des yeux de
rêve, aux reflets métalliques, froids comme
une lame d'acier. Elle faisait l'étonnement
des bons bourgeois, des étrangers qui se la
désignaient et contemplaient stupéfaits cette
femme dont l'allure s'harmonisait avec la
toilette : sans doute ils s'étaient attendus à
une Louise Michel !

Toutes ces joies qui l'entouraient semblaient au contraire avoir aggravé le mal dont
souffrait Marie : sa toux sèche faisait peine à
entendre, et elle était prise d'un énervement
qui lui enlevait tout repos. Elle résolut de
quitter Monte-Carlo. Le médecin, tout le
monde, taxait ce départ de folie. « Comment, après avoir passé l'âpre saison sous
un ciel tempéré, vous allez partir ? Mais
c'est vouloir prendre la mort, lui disait le
médecin. Et vous savez, on ne vous en
tirera pas, cette fois ! » Malgré tout, elle
partit. Au bout d'un mois, elle ne crachait
plus de sang; au bout de deux mois, elle ne

toussait presque plus. Elle était presque
guérie. A son arrivée, le bail de son hôtel
de l'avenue Niel était près de finir; le médecin lui conseilla de quitter ce logement,
plein de souvenirs trop douloureux, que ses
nerfs avaient peine à supporter. Avant de
s'engager dans une nouvelle location, elle
consulta M. Jéramec, qui devait connaître à
fond les ressources de Rive-de-Gier; il lui
déclara qu'il faudrait de bien mauvaises années pour qu'elle ne pût compter sur une
centaine de mille francs de revenu. Elle prit
donc un hôtel près du parc Monceau. N'ayant
guère de dépenses de toilette, elle se donna
le luxe du confort intime.

Cependant, la transformation de la société
anonyme fut réalisée; et au mois de décembre 1893, époque à laquelle on établit le bilan
de la première année, elle reçut la visite de
M. Feys. Il lui exposa la situation nouvelle;
les bénéfices n'étaient pas ce qu'elle pouvait
supposer; la main-d'œuvre était devenue plus
chère; bref, il revint à sa proposition favorite,
l'abandon de l'usufruit contre une rente viagère. Il trouva Marie dans les mêmes dispo-

sitions de résistance. Comme elle lui demandait une avance de quinze mille francs sur
la part d'usufruit qui lui était acquise pour
l'exercice de 1893, dont le versement était
imminent, il lui proposa de consentir, séance
tenante, le règlement de sa part pour 1893,
à trente mille francs à toucher de suite ?
« Pourquoi ce chiffre ? répondit-elle ; j'atten-
drai la publication du bilan. » Bien lui en prit :
sa part fut de quarante-cinq mille ; elle aurait
perdu quinze mille francs.

Dans les premiers jours de mars, M. Feys
vint de nouveau à Paris.

Il fit observer à Marie que, suivant la convention qu'elle avait signée, elle s'était engagée à payer non seulement l'intérêt de la
dette successorale mais encore les *annuités
de son remboursement* sur les intérêts et
dividendes attribués aux actions de la succession, avant toute répartition desdits aux intéressés ; qu'en lui faisant une avance de
quinze mille francs, il avait déjà outrepassé
ses droits ; qu'elle n'avait plus rien à prétendre.

Elle consulta ; on lui répondit :

— En *remboursant* sur votre usufruit les *annuités* de la dette successorale, vous vous mettez aux lieu et place des *créanciers*. Que M. Deriard vous donne un reçu de ce que vous aurez payé pour lui, vous vous créez ainsi une nue propriété...

Mais en donnant ce reçu, M. Deriard aurait fait acte d'héritier *pur et simple*. M. Feys refusa. Il revint de nouveau à la cession de l'usufruit ; à l'invariable réponse de Marie : « Je ne céderai pas mon usufruit, que M. Richarme a voulu incessible », il riposta : « Vous avez tort. Il y aurait eu pour vous plus de sécurité. »

L'entretien avait lieu dans l'hôtel que Marie occupait rue Rembrandt. Comme elle remerciait M. Feys de ses bons offices, en ajoutant : « Eh bien, maintenant que l'entente est faite et que tout est réglé, il s'agit de sauvegarder mes intérêts, de conserver ma fortune », elle aperçut, dans un jeu de lumière, le visage de son interlocuteur qui exprimait, par le regard et par le sourire, une sorte d'ironie méphistophélique. Après le départ du liquidateur, elle resta sous l'impres-

sion de cette physionomie narquoise, qui
semblait railler sa politese. Elle crut à un
avertissement de cette seconde vue qui lui
avait déjà fait pressentir de si grands mal-
heurs. Elle prit tout de suite une voiture, se
rendit chez M. Thévenet.

— Je vous en supplie, monsieur, voyez
Feys! Un danger me menace. Quel est-il?

Huit jours plus tard, la Verrerie Richarme
était fermée.

CHAPITRE XII

Comment on fait une grève. — Délégation de grévistes malgré eux. — Agent provocateur. — Les frais de la grève.

Le 16 mars, M. Flammarion, l'éditeur de Marie, qui avait bien voulu accepter d'être son représentant dans les assemblées, reçut une dépêche de M. Deriard : « *Grève déclarée, fours éteints.* »

L'avant-veille, M. Flammarion avait trouvé dans son courrier une lettre de M. Deriard où il n'était même pas fait mention d'un dissentiment quelconque avec les ouvriers.

La dépêche causa à Marie une grande surprise ; elle savait que quatre fours éteints représentaient, au rallumage, plus de cent mille francs, et un mois de chômage forcé.

Aux demandes d'explications et de détails, on répondit simplement que le personnel avait refusé le travail et voulait imposer au directeur le renvoi d'un ouvrier. Tous les moyens étaient bons pour priver Marie de son usufruit. Voici que maintenant on s'autorisait de la grève pour ne pas distribuer le dividende acquis, *voté*, déterminé par le bilan et le rapport des commissaires. Elle se révolta, disant que les bénéfices de 1893 n'avaient rien à voir avec la grève déclarée en mars 1894 : « D'ailleurs, ajoutait-elle, savez-vous quelle sera la durée de la grève ? En 1891, malgré trois mois et demi de grève, les bénéfices sont montés à sept cent cinquante mille francs. Peut-être aurez-vous un bénéfice malgré la grève. »

Il fallut bien se décider à faire le versement ; ce fut le dernier Les usines étaient fermées depuis trois mois, quand Marie reçut la visite de deux délégués du syndicat des ouvriers verriers de Rive. Ils étaient accompagnés par le député de cette ville, M. Charpentier. Ils dirent à Marie :

— Madame, vous êtes la principale inté-

ressée à la prospérité de la Verrerie Richarme.
La grève est nuisible à vos intérêts. Nous
sommes venus vous prier d'intervenir pour
la faire cesser.

— Mais pourquoi l'avez-vous faite, cette
grève ? répondit-elle.

— Madame, nous ne l'avons pas faite, il
faut que vous le sachiez bien. Il n'y a entre
le directeur et nous aucune question de salaire ni de travail.

— Alors, pourquoi vous êtes-vous mis en
grève ?

— Madame, jamais la grève n'a été déclarée.

— Il n'y a pas eu de grève déclarée? Que
me dites-vous là ?

— La vérité, madame.

Et voici ce qu'ils racontèrent :

Le 16 mars, à quatre heures du matin, les
ouvriers vinrent pour remplacer un poste.
Ils trouvèrent le nommé Darçon qui avait
déjà fait *plusieurs relais* et qui cependant
se présentait pour un nouveau. Ils firent re-
marquer qu'il n'était pas juste que ce fût
toujours le tour du même à travailler : c'é-

tait formellement contraire aux règlements. Ils demandèrent à soumettre leur réclamation au directeur : celui-ci, n'étant pas levé, ne put pas intervenir.

Ils se retirèrent. Et quand, à huit heures, les ouvriers d'un autre poste vinrent, à leur tour, comme d'usage, reprendre le travail, ils furent tout étonnés de trouver les usines fermées, et de s'entendre dire *qu'on éteignait les fours d'après l'ordre de M. Deriard.* Voici les explications de détails que Marie obtint des délégués.

En 1891, une grève se produisit à l'usine Richarme. Elle prit fin par un compromis par-devant M. Lépine, préfet de la Loire. Un des points essentiels de ce compromis portait : « L'ouvrier qui n'a pas encore travaillé à la verrerie ne peut être accepté définitivement qu'après un accord entre la commission ouvrière et l'administration de l'usine. » Cette entente sauvegardait à la fois les règles d'apprentissage et le placement équitable des titulaires ouvriers, ou des ayants-droit, selon leur rang d'ancienneté dans l'usine.

M. Richarme fit scrupuleusement exécuter

cette convention. Avant la grève de 1891, il y avait eu jusqu'à 120 relais ; peu à peu ce chiffre descendit jusqu'à 10 relais seulement.

Pour des motifs que nous ne voulons pas apprécier, disaient les ouvriers, M. Deriard refusa de se conformer aux conditions du compromis, préférant voir les postes démontés. A une délégation qui lui présentait des réclamations ; il répondit : « C'est mon affaire. »

On peut consulter à ce sujet la brochure adressée par les ouvriers aux actionnaires de la Verrerie Richarme, dans laquelle ils donnent à entendre que la cause de la grève a eu des motifs d'intérêts dont ils ne veulent pas s'occuper, mais auxquels ils sont étrangers.

Dans les premiers jours du printemps de 1894, on présenta à M. Deriard, comme arrangeur, un ouvrier de Rive, dont les capacités et l'assiduité étaient incontestables.

— Pour des raisons que nous n'avons pas à examiner, disent les ouvriers, M. Deriard le refusa, et en refusa d'autres après lui, dans les mêmes conditions. Cependant, au mépris de la convention contenue dans le compromis de 1891, un nommé Darçon fut engagé !

Il prit dès le début une attitude agressive. Il y eut entre lui et ses camarades des démêlés violents, un procès s'en suivit : le nommé Pouilloux fut condamné à six jours de prison. Tous prirent Darçon en grippe; leur défiance était éveillée par ce nouveau venu qu'on leur imposait systématiquement :

— Nous avons fait, disaient les ouvriers ; une démarche auprès de M. Deriard pour l'éclairer sur les conséquences possibles du maintien de Darçon contre le sentiment de tous, et contre la convention du travail de 1891. M. Deriard répondit encore : « C'est mon affaire. » Le 14 mars, quand Darçon se présenta comme relais pour la troisième fois, ses camarades protestèrent, demandant qu'il ne prît pas le tour des autres ; mais, contrairement à ce qu'on affirme, ils ne sollicitèrent pas son renvoi du directeur. Telle est, madame, la vérité exacte.

Et les ouvriers conclurent en disant :

— Par tout le monde à l'usine, Darçon

était regardé comme un agent provocateur, chargé de faire naître un conflit. Dans tous les cas, nous, les ouvriers, nous n'avons pas déclaré la grève.

Chose digne de remarque ! l'incident Darçon se produisit à quatre heures du matin, et dès six heures M. Deriard faisait venir un huissier pour constater que le poste n'avait pas pris le travail. Le même matin, à neuf heures, partaient les dépêche adressées aux membres du conseil d'administration :

« *Grève déclarée, Fours éteints.* »

Combien avait été différente la conduite de M. Richarme, lors de la grève de 1891, qui avait été déclarée, indiscutablement, par les ouvriers eux-mêmes ! M. Richarme avait gardé ses fours allumés pendant huit jours, dans l'espoir d'une entente avec le personnel. Dans les communications officielles du syndicat, dans les citations en conciliation, devant le juge de paix, les ouvriers sont restés invariables dans leur témoignage à cet égard.

Les délégués finirent en disant à Marie :

Ce n'est pas une grève d'ouvriers, c'est la grève de l'usine, la grève directoriale. Le conseil d'administration n'a fait que *ratifier le fait accompli*. C'est pourquoi, madame, nous sommes venus à vous pour vous prier de vous interposer.

— Mais que voulez-vous que je fasse? C'est votre directeur qu'il faut voir.

— Mais il est invisible. Nous vous demandons de bien vouloir faire une démarche auprès du conseil d'administration.

Elle promit d'essayer, et elle écrivit à M. Wolff, principal intéressé de la banque Cottet, qui avait émis les obligations. Elle lui demandait de réunir le conseil d'administration pour entendre M. Charpentier au nom des ouvriers. M. Wolff répondit qu'il n'y avait pas lieu de convoquer le conseil, mais qu'il était possible de faire rencontrer M. Charpentier avec M. Deriard et M. Douvreleur, président du Conseil. Marie pourrait assister à l'entrevue.

Elle eut lieu à Lyon, à la maison Cottet. M. Douvreleur arriva après s'être fait attendre une heure. Il ne disposait que de quelques minutes. M. Charpentier prit la parole et dit :

— Les ouvriers ne demandent qu'à reprendre le travail.

— Alors, répondit M. Deriard, qu'ils rentrent ; les portes sont ouvertes.

— Vous les reprendrez tous ?

— Oh ! pas les meneurs !

— Et ceux-là, qui les désignera ?

— Qu'ils viennent tous reprendre leurs livrets, nous verrons.

— Et ceux qui vous déplaisent viendront recevoir leur congé, n'est-ce pas ? C'est vouloir continuer la grève. Tenez ! moi, je fais une proposition. Des deux côtés on veut la paix. Je vous l'offre pour les ouvriers. Confiez-moi les noms de ceux que vous ne reprendrez pas ; je les garderai pour moi, et ferai embaucher ces hommes-là dans d'autres usines... par exemple, la Verrerie aux verriers... Il n'y a qu'un four d'allumé ; eh bien, on n'en 'lumera pas d'autres : je me porte garant pour les ouvriers.

— Oh ! vous vous engagez là, monsieur, à ce que vous ne pourriez pas tenir.

— Je vous en donne ma parole d'honneur !

— Et moi, je n'y crois pas.

Courtoisement, M. Wolff s'interposa.
M. Douvreleur, ne pouvant attendre davantage, laissa ces messieurs conclure. On ne
conclut rien.

Au moment de partir, M. Deriard prit
Marie à part :

— Nous avons encaissé 750,000 francs,
dit-il. Nous pouvons attendre. Dans quinze
jours, les ouvriers seront trop heureux de
rentrer sans conditions. Laissons, au contraire, allumer un second four à la Verrerie
aux verriers. Il me prendra le personnel dont
je veux me débarrasser. Nous rouvrirons ensuite, et la grève sera finie.

La grève dura encore sept mois et demi.

— Vous avez des amis dans la presse ;
qu'ils ne parlent de l'affaire que le moins
possible ; ça ne peut qu'envenimer le conflit.

Elle fit ce qu'il désirait. Ce n'est que beaucoup plus tard qu'elle apprit une chose curieuse. Dans plusieurs journaux où elle avait

obtenu qu'on mît une sourdine à l'affaire de la grève, on lui annonça qu'une main inconnue avait envoyé des notes, qui la représentaient parcourant le pays de Rive-de-Gier pour exciter les grévistes. Or, elle n'était jamais allée à Rive. D'où pouvaient provenir ces communications ? Qui avait intérêt à mettre en circulation des bruits aussi fantaisistes ?

La grève dura en tout dix mois et demi ; ce furent dix mois et demi de chômage cruel pour les quinze cents ouvriers de l'usine, pour leurs familles qui souffraient la faim et le froid, par ce terrible hiver de 1894 à 1895.

Pour la succession Richarme, cette grève, née et continuée dans des circonstances si anormales, eut des conséquences déplorables. Au point de vue purement industriel, le premier résultat fut la désorganisation ouvrière de l'usine. Les brigades d'élite composées par M. Richarme, qui constituaient en quelque sorte la marque de fabrique, la supériorité manufacturière de sa maison, et dont il disait qu'il ne les céderait pas pour cinq cent

mille francs, la grève en dispersa les élé-
ments. Cette perte était irréparable.

L'ouvrier verrier ne s'improvise pas ; il lui
faut un long apprentissage, et, pour arriver
à la maîtrise, il doit passer par de nombreuses
étapes professionnelles. A ces dommages si
graves s'ajoutèrent les frais d'extinction et
de rallumage des fours ; de plus, on perdit
la fourniture de Vichy, plusieurs millions de
bouteilles. La Société fermière profita de la
grève pour devenir son seul et exclusif
fournisseur de bouteilles. Il y eut aussi une
réduction très importante des commandes
Noilly-Prat, et d'autres encore. L'exécution
de certains contrats dut être passée à d'autres
usines, dans des conditions onéreuses et dé-
fectueuses. Enfin, il y avait un traité avec la
Société des eaux de Saint-Galmier-Badoit ; il
fallait le dénoncer ou l'exécuter. La grève se
prolongeant, M. Deriard prit le parti de faire
venir à grands frais des ouvriers de l'étranger,
de la Suisse, de l'Allemagne. La fermeture
des usines, si préjudiciable aux travailleurs
qu'elle réduisait à la misère, et à Marie qu'elle
privait de toutes ressources, ne causait par

contre aucun dommage à M. Deriard ; que l'usine fût ouverte ou fermée, il n'en touchait pas moins ses trente mille francs d'appointe-ments comme directeur.

Quant à sa part sur les dividendes des ac-tions dont se composait la succession, il n'y pouvait prétendre tant qu'il y aurait une dette successorale et qu'il resterait héritier béné-ficiaire.

D'autre part, cette grève satisfaisait les rancunes de ses parents, oncles et tantes à héritages, qui possédaient de vingt à trente millions, les beaux-frères et anciens asso-ciés de M. Richarme, dont les ouvriers avaient été entraînés à la grève en 1891, par les ouvriers verriers, ce qu'ils n'avaient jamais pardonné à l'usine Richarme.

Le traité avec la Société des eaux de Saint-Galmier-Badoit nous amène à parler de la cession de la source Saint-Galmier-Noël.

M. Richarme avait la fourniture presque totale de la Société des eaux de Saint-Galmier-Badoit. Celle-ci, en 1883, s'affranchit en de-venant son propre fournisseur. M. Richarme

riposta en achetant la source Noël qui prit
très vite une grande extension commerciale ;
on arriva rapidement à en vendre trois mil-
lic ns six cent mille bouteilles. Maître verrier,
M. Richarme tenait surtout à placer ses
bouteilles, s'attachant à vendre bon marché,
sacrifiant les bénéfices de la source aux pro-
fits de la verrerie. Il devint évident que l'intérêt de Badoit était de se syndiquer, ce qui
lui permettrait de remonter les prix, d'autant
plus que la source Noël, bénéficiant d'un
vaste périmètre de protection, avait fait, en
curant ses puits, baisser le niveau de ceux
de Badoit, qui, ne jouissant pas des mêmes
avantages, n'avait pu se défendre contre
l'accaparement des puits de la source Noël,
lesquels, placés en avant, recueillaient les
failles. En vue d'une entente, des pourparlers avaient été engagés ; M. Richarme mourut avant que cette entente eût été définitivement réalisée, mais les conditions du
contrat étaient convenues, et les résultats
portés par lui au bilan de ses prévisions pour
l'avenir. Quand la société en commandite fut
transformée en société anonyme, il fut con-

venu qu'on ferait le nécessaire pour réaliser
la vente, projetée par M. Richarme, de la
source Noël à Badoit.

M. Flammarion, qui représentait Marie au
conseil d'administration, l'en avisa. Elle ne
put que se rallier à un projet qui tendait à
réaliser le plan mûri par M. Richarme.

Quand elle vint à Lyon pour l'entrevue
avec M. Charpentier, M. Feys lui donna à signer l'approbation de cette union. M. Flammarion lui avait fourni à ce sujet des renseignements satisfaisants : elle signa sans
examen. M. Feys lui disait, du reste, qu'il
n'avait pas les pièces justificatives. Or, en
mars 1895, elle lisait, dans un journal de la
Loire, l'avis d'une convocation d'actionnaires de le Verrerie Richarme. Ni M. Feys
ni le représentant de Marie aux assemblées,
M. Flammarion, ne l'avaient informée de
cette convocation qui comportait une assemblée annuelle ordinaire, prévue par les statuts, et une assemblée extraordinaire portant
approbation de modifications aux statuts,
motivées par la cession de la source Noël-
Saint-Galmier à la Société des eaux Saint-

Galmier-Badoit, cession autorisée par une
assemblée générale extraordinaire qui avait
eu lieu le 26 janvier 1894. A la nouvelle
de cette convocation, elle écrivit à M. Feys
une lettre recommandée, pour réclamer des
explications sur cette réduction de capital
social et sur les conséquences qui pourraient
en résulter, au point de vue de ses intérêts.
Elle écrivit dans le même sens à M. Flammarion : celui-ci voyageait en Égypte ; quant
à M. Feys, il ne jugea pas utile de répondre.
Devant ce double silence, et pour sauvegarder sa situation, elle fit, le 14 avril 1895,
défense à M. Feys de la représenter à l'assemblée extraordinaire, et à M. Douvreleur,
président du Conseil d'administration, de
tenir cette assemblée appelée à voter les dé-
cisions qui auraient pour résultat de la dépouiller d'une partie de son usufruit et
d'amoindrir l'actif de la succession, en dé-
préciant les actions dont elle se compose.
Le rapport des commissaires, pour l'exercice
de 1894, comportait une réduction de capital
qu'elle n'avait pas consentie. Une diminution de capital suppose toujours une perte

pour la société réduite à cette extrémité :
cette diminution devait donc entraîner la
baisse des titres afférents à la succession. Le
capital de la Société anonyme des Verreries
Richarme, évalué à trois millions quatre
cent mille francs, se trouvait, par la mise en
actions de 1894, abaissé à deux millions sept
cent mille francs : soit une diminution de
six cent quatre-vingt mille francs.

La source Noël, portée au bilan de 1891
pour un million vingt-cinq mille francs, avait
été cédée à la Société des eaux de Saint-
Galmier contre soixante actions évaluées,
d'après la déclaration de M. Flammarion, à
dix-huit mille cinq cents francs, et rapportant
mille francs l'action, soit soixante mille
francs pour un total d'un million cent dix
mille francs, un peu plus de cinq pour cent ;
au bilan de 1894, ces actions ne figurent que
pour quatre cent cinquante mille francs.
C'était donc une perte de six cent quatre-
vingt mille francs que Marie trouvait enre-
gistrée dans le bilan.

Dans le compte rendu de la cession de la
source Noël, les commissaires disent expres-

sément que la perte indiquée n'est qu'apparente, parce que les actions représentent une valeur bien supérieure à leur valeur nominale.

Pourquoi ce bilan avec une perte apparente, pour représenter un gain réel?

La défense faite à M. Douvreleur de tenir l'assemblée générale extraordinaire qui devait voter la modification des statuts porta ses fruits. Par une lettre du 6 avril 1895, il reconnaissait le bien fondé de la réclamation de Marie, en ce qui concernait la répartition des bénéfices et les amortissements à faire, mais il déclarait impossible de revenir sur la réduction du capital. Il constatait que l'intervention de Marie avait empêché de tenir l'assemblée générale *extraordinaire*.

Dans la convention pour la transformation de la société, qu'on lui fit signer le 20 octobre 1892, la clause des bénéfices attribués à l'action fut aussi modifiée. Après prélèvement et amortissement, un dividende de cinq pour cent, soit vingt-cinq francs, serait attribué à l'action ; ce premier versement effectué, s'il y avait excédent de bénéfice, quatre-vingts pour cent seraient réservés aux actions, quinze pour cent au conseil, cinq pour cent au directeur délégué, M. Deriard ; mais la totalité des dividendes afférents aux actions ne *pourrait dépasser trente francs.* Cette clause, en limitant les bénéfices de l'action, portait une double atteinte à l'usufruit. Par une lettre du 9 avril 1894, M. Feys se décida enfin à répondre.

L'assemblée *ordinaire*, convoquée pour le 8 avril, avait été tenue, et il blâmait Marie d'avoir, par sa signification, empêché l'assemblée extraordinaire.

Il prétendait s'être entendu avec le directeur, M. Deriard, avant la convocation de l'assemblée, pour sauvegarder les droits de l'usufruit, et attribuait à une indisposition de M. Douvreleur l'ignorance où se trouvait celui-ci de ces conventions.

Si le conseil d'administration avait décidé, antérieurement à la convocation de l'assemblée, de modifier les statuts dans le sens indiqué par M. Douvreleur, la signification faite par Marie n'eût pas entravé la délibération de l'assemblée, car elle eût voté, dans ce cas, précisément ce que celle-ci réclamait.

Vers la fin de l'année 1896, elle reçut de M. Feys l'avis qu'il n'y aurait pas encore de dividende à distribuer pour cet exercice. Il en résulterait pour la succession Richarme les plus graves conséquences. On allait provoquer une assemblée des obligataires, afin de reculer de quatre années la date des premiers remboursements des obligations. Le délai de quatre années fut accordé par l'assemblée, à la condition que le taux de six pour cent d'intérêt serait maintenu.

. Il ne fut pas, malgré cela, distribué de dividende. La succession Richarme demeura dans le péril signalé par M. Feys. Si MM. Deriard et Feys avaient liquidé la succession à l'époque où Marie les sommait de le faire, le péril eût été évité. La moyenne des actions *sans réduction* atteignait alors 350 francs à la vente, mais, après deux années sans aucune distribution de dividendes, la situation était tout autre : ces mêmes actions, par le fait de MM. Deriard et Feys, et malgré la réduction d'un cinquième, ne trouvaient pas acquéreur au-dessus de 315 francs.

Il semble qu'au lieu de les vendre à l'étouf-
fée, à neuf heures du matin, dans une étude
de Rive-de-Gier, il eût été facile à M. Feys
et profitable à la succession d'en demander
la cote à la Bourse de Lyon ou de Saint-
Étienne.

La mesure prise par MM. Deriard et Feys
avait encore une autre conséquence. Les
créanciers gagistes, après trois ans échus de
non-distribution de dividendes, se trouvaient
en droit de réclamer une augmentation du
nantissement de leur créance, ou la réalisation
de leur gage. Quant aux causes de la grande
diminution dans les bénéfices depuis la direction de M. Deriard, elles restent incon-
nues pour Marie. A toutes les demandes de
pièces comptables adressées par elle, on n'a
répondu que par des moyens dilatoires, qui
équivalent à un absolu déni de légitime contrôle. On a pu voir, par la lettre de M. Richarme, que du temps de sa direction, M. Deriard père avait compulsé avec la dernière
âpreté tous les livres de l'administration pendant une période de trente années, dans l'espoir d'y trouver une erreur à la charge de

M. Richarme. Aujourd'hui, on refusait communication à Marie des pièces comptables.

N'est-elle pas en droit de dire que, s'il y
avait bonne foi, il y avait à coup sûr mauvaise administration ?

Elle ne serait pas la seule à le penser.

Quand on négociait avec elle la transformation de la société, avec M. Deriard pour
directeur, elle ne se préoccupa point de ses
aptitudes, elle ne se souvint que des intentions de M. Richarme. Celui-ci, parent in-
dulgent et bon, désirait son neveu pour suc-
cesseur malgré la guerre intime dont il avait
eu à souffrir.

Elle se conforma à son vœu, en proposant
M. Deriard.

Malgré la situation épouvantable qui lui
était faite, par respect pour la mémoire du
testateur, elle hésita longtemps devant le
moyen extrême d'un procès.

Ce n'est qu'après avoir épuisé toutes les
démarches de conciliation, tous les moyens
d'arrangements, qu'elle dut se résigner à se
défendre. Sans aucune autre ressource, dé-
possédée en réalité de son usufruit, par l'in-

tervention de M. Douvreleur, elle demanda une ouverture de crédit des plus modestes : six mille francs par an, sous forme de pension alimentaire, à rembourser sur les premiers dividendes.

Après *six* mois de négociations, M. Douvreleur résuma sa réponse : M. Deriard refusait absolument. D'abord, il n'avait pas d'argent, puis c'était tant pis pour elle. Elle avait refusé de céder son usufruit, elle en subissait les conséquences. M. Deriard oubliait que par sa dernière lettre à M. Thévenet, il revenait sur ses offres.

Elle n'avait plus qu'à se rendre à l'évidence. C'était sa ruine que l'on avait organisée, que l'on poursuivait, ruine que le présent état de choses achevait de consommer.

En effet, le conseil d'administration est composé surtout de banquiers, bénéficiant du grand mouvement d'argent qui se fait autour des métallurgistes Marrel, et par conséquent, enclins à faire cause commune avec leurs idées. De plus l'agio du papier des Verreries Richarme produit des bénéfices de cin-

quante à soixante mille francs par an. Qu'importe le dividende d'une quarantaine d'actions nécessaires pour siéger au Conseil? Les
jetons de présence viennent d'ailleurs en
compensation. Quant à M. Douvreleur, sa
situation de président de la société Richarme
lui a valu celle, non moins agréable, de vice-
président de la société Badoit.

Le vice-président est M. Jéramec. M. Richarme avait avec la société de Rubinat un
traité de fourniture de bouteilles pour une
période de vingt ans. M. Jéramec, s'étant
rendu acquéreur de Rubinat et trouvant oné-
reux le traité de bouteilles, obtint de ses col-
lègues du conseil de la société Richarme la
résiliation du contrat.

Ainsi la situation est avantageuse pour
tout le monde, excepté pour l'usufruit.

Pour peu que l'état de choses actuel se prolonge, l'intérêt de la dette successorale finira
par absorber le capital. Ne produisant pas
de dividendes, les actions de la société Richarme sont vendues par petits paquets au
fur et à mesure des besoins de la succession.
Mais les acquéreurs possibles se tiennent à

l'écart. On sait la prospérité de l'affaire, mais on sait aussi la guerre engagée par le nu-propriétaire contre l'usufruit, et l'on s'abstient.

M. Deriard resterait à peu près seul pour acquérir ces actions, dont lui connaît la réelle valeur.

Peu à peu l'usufruit, constitué avec tant de soins pour Marie par M. Richarme, est menacé de disparaître, en violation de la volonté formelle du testateur.

En se souvenant de la cruauté dont on fit preuve envers M. Richarme, elle ne peut se faire illusion au point d'espérer qu'on traitera une étrangère avec plus d'humanité qu'on n'en a eu pour le chef de la famille. Ne pouvant attaquer en face le testament de M. Richarme, qui, par trois fois, affirma sa volonté, on a trouvé de la sorte un détour pour rendre nul l'héritage : c'est de réduire à zéro l'usufruit.

Sachant Marie sans autre fortune que celle qui lui a été laissée par M. Richarme, on s'est dit qu'elle finirait par céder pour un morceau de pain. Son avoué de Lyon lui faisait entendre un jour, devant M. Feys, qu'elle devrait se prêter à une transaction.

— Je ne suis pas encore assez préparée, lui dit-elle ; on ne me trouve pas encore assez affamée pour me faire une offre.

Alors, M. Feys, souriant de ce sourire narquois qui déjà l'avait tant inquiétée :

— Oui, il faut qu'on vous laisse tirer encore un peu la langue. Faites comme si vous n'aviez pas hérité. Supposez que M. Richarme n'a pas fait de testament.

Singulier langage de la part d'un homme qui représentait les intérêts de l'usufruitière et qui était appointé par elle, à cet effet! L'avocat de Marie, Me Jullemier, dans son plaidoyer, donna à entendre qu'au cas où le tribunal ordonnerait une liquidation générale de la succession, il pouvait se rencontrer une maison de banque pour racheter les actions. Elle s'emparerait de la majorité, ferait tomber le conseil d'administration avec le directeur actuel. Sur quoi, M. Douvreleur écrivit à Marie que cette menace était du chantage.

Mais c'est sous la menace de cette liquidation *en bloc* qu'on lui a fait tout accepter, tout signer. Et le jour même où son avocat retourne l'arme contre ceux qui l'ont forgée, M. Douvreleur trouve que c'est du chantage.

Ce joli traité, d'ailleurs, qu'on arracha à sa simplicité, elle le paya un bon prix à ses mandataires : dix mille francs d'honoraires à M. Raulin, l'entrepositaire de la Verrerie Richarme à Paris ; dix mille francs de cadeaux pour madame Derembourg. En conscience, c'eût été à M. Deriard à leur offrir ce pot-de-vin ; ils auraient dû le trouver sous leur serviette au déjeuner de Rive-de-Gier.

Et Darçon, l'instrument principal de la grève de 1894, qu'est-il devenu ? Quel salaire reçut-il ? Simple ouvrier surnuméraire à l'époque de la grève, employé seulement pour relayer les ouvriers en pied, Darçon, depuis, a fait du chemin.

Il a monté en grade dans la confiance et les bonnes grâces du patron, M. Deriard. Darçon, pour services exceptionnels sans doute, est devenu directeur de l'important dépôt de bouteilles de l'usine Richarme et Cie, à Toulouse.

Parfois, il débarque à Rive-de-Gier, et, quand il a oublié de mettre de l'eau dans son vin, on l'entend publiquement blaguer ces imbéciles d'ouvriers verriers qui n'ont pas su, comme lui, faire leurs petites affaires.

Tel est l'historique d'une spoliation à peine croyable. En rédigeant un traité qui fit faire à Marie l'abandon de sa voix prépondérante à M. Deriard dans les assemblées, qui limitait à trente francs par an le dividende attribué à l'action et qui faisait payer par l'usufruit, outre les intérêts de la dette successorale, les annuités de son remboursement ; en profitant d'une avance faite à Marie de quinze mille francs pour essayer de lui arracher un forfait qui eût réduit de quarante-cinq mille à trente mille francs sa part de dividende pour l'exercice de 1893 ; en voulant profiter de la grève pour supprimer ce dividende, dont on n'avait pu lui faire consentir la vente ; en lui déniant le droit de se faire représenter dans le conseil d'administration, sous prétexte que M. Flammarion, son représentant statutaire, s'était démis de ses fonctions, ce qui avait épuisé son droit ; en laissant se prolonger la grève qu'il pouvait arrêter, puisqu'il disposait, en qualité d'administrateur de la succession, de la majorité des voix ; en refusant à Marie communication des bilans de production et copie des déclarations du conseil, sous prétexte qu'il fallait en référer au président, M. Douvreleur, lequel répondait que cela ne le regardait pas ; en ne prenant pas même la peine de tenir Marie au courant des mesures adoptées ; en laissant ses lettres sans réponses ; en votant la réduction du capital d'un cinquième, ce qui rendait presque impossible la liquidation de la succession par la dépréciation des actions dont elle se composait ; enfin, en employant les manœuvres propres à obtenir, de l'ignorance où Marie se trouvait des subtilités légales, un acquiescement à des mesures préparées de longue main pour la livrer sans défense aux entreprises de spoliation, M. Feys, qui avait accepté du tribunal mission de sauvegarder et de défendre ses intérêts, les avait constamment sacrifiés.

Contre la situation qui lui était faite, elle était forcée de réclamer l'intervention de la

justice. Le scandale d'un procès la fit longtemps hésiter, mais elle crut devoir au souvenir de M. Richarme de se révolter contre
un plus long mépris de ses volontés les plus
formelles.

CHAPITRE XIII

Prétendant fin de siècle. — Accrochage de crémaillère. — Possession vaut titre. — Qui veut tuer son chien l'accuse de la rage. — Fils d'Auvergne. — Les dessous de l'Hôtel des Ventes.

— Vous savez, vous n'avez pas le droit d'être dans un bel hôtel et de n'en pas faire profiter vos amis. Vous allez nous donner un réveillon.

Ainsi s'exprimait Séverine.

— Je comprends vos regrets, ajouta-t-elle, mais, puisque vous n'en êtes pas morte, tâchez de vous guérir tout à fait.

— Je ferais belle figure, avec mes robes de deuil !

— Voilà près de deux ans que votre pauvre Richarme n'est plus.

— Non, vingt mois !

— Eh bien, vous pouvez, comme en Italie, vous habiller de blanc. Allons, c'est dit, je m'invite ; j'apporterai mon plat. Vous savez, une belle choucroute ! Vous prétendez que nulle part on ne la fait aussi bonne que chez moi. Et puis, je repars le lendemain de Noël pour le pays où fleurit l'oranger.

— Vous allez y prendre vos quartiers d'hiver ?

— Comme vous dites. C'est convenu ? nous allons fêter votre nouvelle demeure. Ce n'est pas pour rien, je suppose, que vous avez déménagé et pris un bel hôtel comme celui-ci. Puisque vous êtes riche, répandez un peu de joie.

Marie se laissa convaincre.

— Entendu ! à une condition : c'est vous qui ferez les honneurs. Moi, je m'en déclare incapable. Je suis prise, parfois, de fatigues, de lassitudes impossibles à surmonter, même avec un très grand effort de volonté. Alors, je suis forcée de me réfugier dans mon cabinet de toilette, de m'étendre sur un divan, de rester un quart d'heure, une demi-heure,

dans un anéantissement absolu. Et puis, un
réveillon n'est amusant que si l'on est nom-
breux, et je ne reçois plus depuis longtemps.

— Ah ! vous aurez plus de monde que vous
n'en voudrez. On connaît l'hospitalité de
votre maison.

Le 24 décembre 1893, dans la nouvelle
demeure qui n'avait pas entendu les sanglots
et les cris de désespoir, mais qui n'avait pas
gardé non plus l'écho des paroles joyeuses
et de douce intimité, Marie ouvrait à une
trentaine d'invités les portes de son salon.
Après le Noël obligé, on prit place dans la
salle à manger, à une grande table, présidée
par Séverine, à laquelle Marie avait délégué
ses fonctions et en l'honneur de qui se donnait cette fête.

Il y avait madame de Rute ; son frère Napoléon, et son neveu Lucien Bonaparte ;
M. Fasquelle et sa femme, la charmante fille
de Marpon, l'un des éditeurs de Marie ;
M. Fernand Xau et madame Fernand Xau,
adorable dans un costume à plis Watteau,
qui seyait délicieusement à sa beauté blonde,

délicate et menue comme celle d'un Latour ;
M. Th. Manoury et madame Manoury, qui
provoquait et retenait le regard par sa sculp-
turale prestance ; un écrivain de race, madame Tola-Dorian ; et une femme supérieure,
la marquise de Pardo-Bazan, qui représente
avec un tel éclat, dans la littérature espa-
gnole, le naturalisme catholique, alliant avec
une belle audace les procédés du *vérisme*
à la Flaubert et à la Maupassant avec les
mystiques envolées de sœur Thérèse de
Jésus ; M. et madame Farman, du *New-York-
Hérald* ; Auguste Vitu, Paul Adam, Armand
Silvestre, Zélie Hadamard, Mary Gillet vive-
ment applaudie dans un monologue ; la baronne Scottic, Segond-Weber, M. de Mon-
tesquiou, l'amiral Lahirle, Lionel Meyer,
Henry Fouquier, le baron de Vaux, le prince
de Lusignan, le duc de Perdifumo, G. de
Labruyère, Melchissédec, etc., etc., et des
amis invités par Séverine.

Marie regardait, écoutait, finissant par oublier qu'elle était chez elle. Dans la conversation, madame de Rute désigna son neveu
Lucien Bonaparte : « Tenez, le voilà, le pré-

tendant de l'avenir. Il est officier, il nous
mènera militairement. N'est-ce pas, Lucien ? »
Le prince, s'asseyant au piano, attaquait pour
réponse le refrain à la mode, *Ta-ra-ra-
boum-déré !* Tout le monde chantait la reprise en chœur, et c'était amusant cette scie
de café-concert, éclatant comme une espèce
de *Marseillaise* sous les doigts d'un neveu
de Napoléon. Personne ne donnait le signal
du départ : on eût dit que le marchand de
sable s'était endormi au coin de la cheminée,
oubliant de faire sa ronde. L'aube commençait à blanchir le ciel, quand quelqu'un s'a-
visa de rappeler la fameuse soupe à l'oignon
qu'on avait trouvée si délicieuse à la fête de la
Plus jolie.

— C'est moi qui sais la faire, dit Séverine.
Si vous en aviez mangé, préparée par
mes mains, vous n'en voudriez plus goûter
d'autre.

— Faites-en une ! faites-en une !

Et tous de descendre à la cuisine, située
dans le sous-sol, immense et claire avec ses
murs de faïence. Séverine se fit apporter des
oignons, qu'elle donna à éplucher au jeune

Lucien Bonaparte, et se mit à fabriquer la fameuse soupe.

Mais, pendant qu'elle cuisait, on changea de fantaisie. Tout le monde voulut y avoir mis la main. Et alors, dans la casserole où elle mijotait, l'un jeta une grappe de raisin, l'autre une pomme d'api, une mandarine, un quignon de pain, enfin tout ce qu'on trouva. Puis on l'abandonna pour remonter et danser au son du piano, dont les accords vibrants avaient attiré la bande joyeuse. Les dernières flammes des bougies faisaient éclater les bobêches, lorsque quelqu'un s'avisa d'ouvrir les persiennes; la lumière naissante inonda les salons, et tous de réclamer pelisses et douillettes, et de s'enfuir.

Marie était reçue souvent à dîner par madame de Rute; elle revenait à pied le long des boulevards, accompagnée par le neveu de la princesse et par une autre personne: un journaliste d'origine étrangère élevé à Paris. A la Madeleine, quand elle était fatiguée, elle prenait une voiture pour achever la route et rendait la liberté à son escorte; d'autres fois, par le ciel clair des belles ge-

lées, on remontait à pied le boulevard Males-
herbes, jusqu'au parc Monceau, et elle offrait
une tasse de thé à ses compagnons. Ils s'é-
taient déclarés ses chevaliers servants et il
ne se passait pas de jour qu'ils ne vinssent
la voir, ensemble ou séparément, pour déjeuner ou dîner avec elle. Jusqu'au jour où,
par surprise, ce semblant de flirt devint avec
l'un d'eux une intimité. Marie en fut accablée : elle en fit confidence à une amie, lui
demandant conseil. « Que voulez-vous, ma
chère, lui répondit celle-ci : il fallait s'y attendre ; vous ne pouvez passer le reste de vos
jours dans la solitude, à moins d'entrer dans
un couvent. Je regrette seulement que ce
soit une « surprise »; vous auriez pu faire un
choix plus digne de vous. Il n'a ni talent ni
situation ; on va dire que vous avez pris un
bellâtre. Voilà ce que c'est que de vivre trop
avec soi-même : on en est victime. Puisque
vous avez eu cette faiblesse, c'est que vous
commencez à être guérie ; le temps a fait son
œuvre. Eh bien, tâchez de tirer le meilleur
parti de la situation. Il a l'air d'un bon garçon, après tout. Plus de deux années de veu-

vage! Beaucoup de femmes mariées ne pourraient en dire autant », conclut philosophi-
quement l'amie de Marie.

Celle-ci, après trois ou quatre mois, se
rendit compte qu'elle était dupe. Ce qui avait
été surprise pour elle avait été prémédité
par le monsieur, qui n'avait eu en vue qu'une
affaire. Une maîtresse avec qui il vivait avant
cette intimité, et dont il était séparé, était revenue depuis qu'elle le savait l'amant d'une
femme qui passait pour très riche ; ils s'entendaient pour exploiter Marie. Il déclara à
celle-ci qu'il était compromis par la réputation de richesse qu'on lui faisait ; il ne pouvait continuer à être son amant, il fallait
qu'elle acceptât de devenir sa femme.

Marie avait trouvé le prétexte de rupture
qu'elle cherchait ; elle lui ferma sa porte.

La grève avait été déclarée, elle avait la
préoccupation d'une situation à défendre.
Pour une année entière, elle avait touché un
dividende de quarante-cinq mille francs,
alors que, pour la moitié de l'exercice précédent, elle en avait reçu cinquante mille, malgré l'affectation de deux cent vingt-cinq mille

pour les dommages causés par l'incendie, et de cinquante mille à la commandite. Elle aurait donc dû trouver aux bénéfices de cette année une augmentation de deux cent cinquante mille francs ; au lieu de cela, il y avait une réduction de plus de moitié. Et si la grève s'éternisait, quand distribuerait-on de nouveaux dividendes ? Et sa dépense, établie sur un revenu de quatre-vingts à cent mille francs, comment l'équilibrer ? Elle fit offrir au gérant de l'hôtel du Parc Monceau la résiliation du bail, moyennant l'abandon des six mois d'avance ; il lui dit d'attendre encore avant de prendre une détermination : la situation était peut-être moins grave qu'elle ne supposait.

Elle finit par s'entendre avec la propriétaire du château de Houilles. Autrefois, sans la connaître, elle avait eu l'occasion de lui rendre service, à la prière de cette pauvre baronne de Benkendorff. En visitant la propriété qui était à louer ou à vendre, le hasard l'avait mise en présence de cette femme, qui était en grand deuil, elle aussi : elle avait perdu sa fille qu'elle adorait. Elle proposa à

Marie de racheter pour la troisième fois le château qu'on allait mettre en vente, afin de liquider la succession, mais à condition que Marie
la prendrait comme locataire, lui réservant
deux pièces ; car, pour elle, le château était
bien trop vaste, et elle n'avait pas les moyens
d'un si grand état de maison. Elle témoignait
à Marie une telle reconnaissance, elle faisait étalage d'un dévouement si absolu pour
le service qu'elle lui avait rendu autrefois,
que celle-ci finit par se laisser enjôler. La
plupart des meubles qui garnissaient l'hôtel
furent transportés à Houilles, qu'un délabre-
ment complet rendait inhabitable. Le mobilier avait été vendu une première fois, à la
mort du gendre de la vieille femme, pour le
compte des créanciers, ainsi que le château,
qu'elle avait racheté ensuite pour elle et
pour sa fille, avec un nouveau mobilier plus
que sommaire. La plus grande partie de ces
vastes pièces étaient vides de meubles, avec
des murailles nues, dépouillées de leurs tentures, et blanchies à la chaux. Le somptueux mobilier de l'hôtel parisien vint apporter le confort nécessaire à l'habitation ;

une partie seulement en avait été distraite pour être vendue à l'Hôtel des Ventes, formant, avec les six mois d'avance abandonnés au gérant, l'indemnité nécessaire pour couvrir le loyer et les contributions.

Paris est un grand village : tout ce qui s'y passe dans un certain monde fait la traînée de poudre. On savait que Marie ne pouvait maintenir son train. Arthur Bloch, l'expert bien connu, et madame Selinger, qui tient le garde-meuble de la rue Laffite, étaient venus lui offrir de faire une vente dans son hôtel, d'ajouter à son mobilier personnel des tableaux, des tentures, des objets d'art, des meubles de prix, des bijoux, des dentelles : le tout serait vendu sous son nom, et ils organiseraient une réclame dont elle profiterait autant qu'eux, puisque ce tapage ferait monter les prix. Marie refusa, espérant qu'elle ne tarderait pas à toucher des dividendes, et ne voulant pas se séparer de ce qu'elle avait réuni par choix dans les ventes ou expositions publiques. Elle s'installa donc à Houilles. La propriétaire lui prêta une quinzaine de mille francs, dont une partie

servit à l'installation du château, le reste
à solder la dépense de la maison, dont la
brave dame profitait, vivant à la table de
Marie avec ses deux petits-enfants, ce qui lui
évitait tous frais de nourriture et d'entretien
de la propriété. La dépense était bien
moindre qu'à Paris, et cependant encore trop
lourde, puisque Marie ne touchait toujours
rien.

Elle avait signé un bail qui devait rester
dans les mains de M. Sick, un avocat, conseiller d'arrondissement, qui offrait les appa-
rences de l'honorabilité et qui était le conseil de madame Bru, la propriétaire. Si Marie
venait à mourir, le bail devait être remis à madame Bru qui le déchirerait, et, n'ayant plus
rien à prétendre sur l'usufruit, garderait le
mobilier en paiement de sa créance. Si, au
contraire, madame Bru disparaissait la première, le bail serait rendu à Marie qui aurait
à compter avec la succession Bru.

La propriétaire avait prétendu que, pour
se procurer les quinze mille francs, elle avait
dû engager des valeurs, et elle exigeait
comme aléa 20 pour 100 par an, ce qui faisait

monter la dette à trente-huit mille francs à
peu près, dont elle réclamait reconnaissance
en une délégation sur Rive-de-Gier, remboursable à 25 pour 100 sur les dividendes à
revenir. Elle gardait le mobilier en garantie
jusqu'à parfait paiement de l'argent prêté,
des intérêts et du *loyer* de *trois années* con-
senti ferme par bail. Marie avait en outre,
pour soutenir le train de maison, vendu bijoux, argenterie, etc., etc. Il fallait, pour que
le château fût habitable, jardinier, cuisinière,
femme de chambre, cocher. Après dix-huit
mois de séjour, elle se décidait à rentrer à
Paris, à prendre un pied-à-terre, et à laisser
les choses en l'état, à Houilles, attendant,
pour prendre une décision, une distribution
de dividendes qui lui permettrait de distribuer à son tour des acomptes.

La grève, en se prolongeant, lui avait im-
posé la nécessité de la lutte. Mais que peut
une femme seule, sans famille, sans protection d'aucune sorte? De qui prendre conseil
pour se défendre? Jamais Marie n'avait entendu parler affaires, conseil d'administration, assemblées générales. Elle connaissait

les moyens de gagner du temps quand on a
signé des billets à ordre à sa couturière ou à
son tapissier, mais elle n'était pas armée pour
une lutte sourde comme celle qu'on lui faisait, où tout était piège, où des gens compétents se tenaient pour certains d'arriver à la
dépouiller. Le plus acharné, celui qui se
faisait un jeu de cette guerre, un homme qui
lui aussi avait échappé à la mort par miracle
— ce qui aurait dû lui donner la philosophie
de la vie, — se vantait, lui disait-on, d'avoir
trouvé le plus sûr moyen de réaliser sa ruine,
déclarant servir en cela la morale. A quel
moment l'a-t-il servie, cette bonne morale ?
Est-ce quand il vint conseiller à Marie de se
faire épouser pour réunir tous les intérêts
dans la même main, dans la sienne, au risque de provoquer la mort du malade ? Ou
bien quand, sans souci de perdre une affaire, il laisse se prolonger la grève ? Les
ennemis de Marie en arrivent à employer
contre elle tous les moyens ; tous ses actes
sont dénaturés. Le monsieur au nom de
clown, dans un déjeuner où il réunissait des
amis après l'enterrement à Rive-de-Gier, ra-

conte comme il lui plaît le voyage d'Amsterdam. Et cet autre qui siège au Conseil ! Marie, espérant qu'elle va enfin toucher des dividendes, les travaux ayant repris et l'usine marchant depuis deux ans, ne se croit pas bien indiscrète en réclamant de sa complaisance un service de quinze cents francs, dont il prélèverait le remboursement sur les premiers dividendes à revenir. Répondre par un refus était son droit, mais il y ajoutait l'insolence d'une lettre calomnieuse dont voici quelques lignes :

« *En souvenir de ce pauvre Richarme dont vous n'avez pas su respecter la mémoire, même à Lyon.* »

Or, Marie était allée à Lyon deux fois depuis la perte de son ami : d'abord, quand, accablée par le désespoir et la maladie, on avait eu si beau jeu à lui faire signer ce qu'on avait voulu ; ensuite, pendant la grève, lorsque, sollicitée par une délégation d'ouvriers que conduisait M. Charpentier, député de la Loire, elle avait demandé au président du Conseil une entrevue où M. Charpentier lui exposerait la situation.

Elle répondit ainsi à la lettre abominable :

Monsieur,

Votre lettre est absolument inqualifiable. Pas une femme n'aurait gardé un souvenir plus tendre, plus profondément désespéré que celui que j'ai ressenti de la perte de mon pauvre ami. Du reste, mon désespoir a été si profond que, pendant dix-huit mois, les médecins m'avaient condamnée. Vous trouvez, en effet, que j'en ai rappelé de loin !

J'ai passé plus de deux années dans la tristesse et la solitude la plus absolue : dites-moi donc quelle est la femme mariée qui en aurait fait autant ? Du reste, vos lettres à cette époque étaient fort aimables et même affectueuses. Vous avez changé après la grève, quand il a été de votre intérêt de vous entendre avec un autre contre moi. Vous avez besoin de prétextes pour justifier l'indignité de votre conduite, et vous inventez ou vous feignez de croire je ne sais quelles calomnies contenues dans cette phrase : « ...*Dont vous n'avez pas su respecter la mémoire, même à Lyon.* » Je ne comprends pas. Il faut que vous soyez bien certain que je ne toucherai plus jamais aucun dividende pour m'écrire semblable lettre.

J'ai demandé un prêt et non pas une aumône. J'estime que si vous me jugiez si indigne que votre lettre l'exprime, ce n'est pas une aumône

que vous m'auriez envoyée : ce sont les bijoux dont
j'ai fait présent à votre femme que vous m'auriez
renvoyés.

MARIE COLOMBIER.

C'est ce qu'il fit trois mois après.

*
* *

Comme la formule ancienne et vulgaire est
toujours profondément vraie :

Qui veut noyer son chien l'accuse de la
rage !

Dans la circonstance, le chien était Marie.
On ne pouvait la tuer, mais elle était bien
gênante, avec ses revendications, ses procès. Elle se permettait de réclamer, elle ne
les laissait pas jouir en paix dé cette bonne
petite affaire ! Quelle audace ! Bah ! le temps
finirait bien par lui rogner les ongles et les
dents ! Les gens qu'elle a intéressés à sa cause
se lasseraient. Qu'est-ce qu'une femme, une
actrice, un écrivain à scandale, dont les
livres ne se distinguent que par les fautes
d'orthographe, déclare dans sa plaidoirie
l'avocat de la partie adverse, Me Humblot.

Elle se révolte! C'est trop fort! Ne pou-
vait-elle attendre qu'il leur plût de s'exécuter? Peut-être, si elle avait été bien sage, lui
aurait-on jeté un os à ronger, et encore? Quand
elle était allée porter ses réclamations devant
les tribunaux, un ex-avoué lui avait dit :

— En province, vous n'aurez jamais gain de
cause, auriez-vous cent fois raison! Vous avez
contre vous non seulement une famille riche,
puissante, mais tout le conseil d'administration pris parmi les plus influents par leur
situation et leur fortune. Ces gens-là se tiennent tous, ils se voient les uns les autres,
dînent ensemble, et ont tout le temps de se
raconter leurs petites affaires! Vous feriez
bien mieux de garder l'argent que vous
coûtent toutes ces procédures.

— Mais enfin, je ne suis pas seule intéres-
sée! Des actions ont été vendues, il y a des
gens qui en ont acheté.

— Des hommes de paille, dont le seul
rôle est de dire *Amen* aux assemblées générales. Croyez-moi, on compte sur le temps
pour vous mater, et pour avoir la paix. Tout
s'achète, soit par de l'argent quand on ne

peut pas faire autrement, soit par des concessions réciproques. Or, vous n'avez ni argent ni relations.

— Mais les magistrats, il y en a d'intègres,
cependant !

— Oh ! si peu !...

— Mais la loi, le Code ?

— Il y a façon de l'interpréter, de le « tourner ». Vous êtes l'ennemi ! tous les moyens
sont bons contre vous.

— L'appétit leur est venu en mangeant. Au
début, ils se seraient contentés des concessions que je leur avais faites ; mais ils eurent
la part belle. Ainsi on avait offert à mon délégué, M. Flammarion, étant donnée l'importance des intérêts qu'il représente, la vice-
présidence du Conseil d'administration. Flammarion, qui a bien assez de tenir le gouver-
nail de sa maison d'édition, dont l'extension
se développe chaque jour, a refusé cet honneur, ne se trouvant pas assez compétent ; il
a prié M. Jéramec, qu'il croyait un ami, d'accepter en son lieu et place la vice-présidence :
il ne supposait pas, en agissant ainsi, porter
atteinte à mes intérêts.

Mais la loi ! elle me doit protection. Car enfin, je suis une mineure, étant femme et enfant naturelle, je n'ai pas de parents à qui confier mes intérêts, et, pour me représenter au Conseil, je ne puis prendre ni un notaire, ni un avoué, ni un avocat. Que faire ?

— C'est qu'il est bien difficile de prendre une pareille responsabilité ; il faut connaître les affaires, savoir comment se gouverne le conseil d'une société anonyme, avoir du temps et de la bonne volonté à perdre, pour étudier spécialement le fonctionnement de celle-là, qui pour eux est l'a b c. Ils sont bien tranquilles, allez ; ils savent toutes vos difficultés. C'est rude, tout de même ! Tous ces hommes ligués pour dépouiller une femme, et pour un usufruit encore ! Car enfin vous ne leur prenez rien, tout leur restera.

— Que voulez-vous ? nous ne sommes plus au temps des paladins.

— Vous avez raté le coche. Quand on vous a conseillé de vous faire nommer légataire universelle par un mariage, il fallait suivre le conseil. On est toujours victime de quelque chose : vous avez été victime de votre sincé-

rité ; c'est ce qu'on n'admettra jamais. La
sincérité, cela ne se porte plus. Si quelqu'un
s'intéresse à vous, on affectera de suspecter
ses intentions, de dire que ses soins sont intéressés.

— On a trouvé bizarre que j'aie chargé
M. Derembourg de défendre mes intérêts!
Mais je ne puis pourtant pas en charger les
grands-ducs de Russie ou l'empereur d'Allemagne. Je ne puis m'adresser qu'à ceux
qui appartiennent au milieu dans lequel j'ai
vécu, le monde du théâtre, de la littérature.
Du reste, quiconque eût accepté de me
rendre service aurait été exposé à une même
suspicion. Ils ont eu de la chance que j'aie
eu recours d'un côté à leur employé, et de
l'autre à un homme qui pouvait se laisser...
convaincre.

Les années avaient passé ; les bénéfices, au
lieu d'être distribués en dividendes, étaient
mis à la réserve pour combler les frais de la
grève. La réserve reconstituée, on pouvait
avoir espérance qu'il y aurait de nouveau
distribution de dividendes ; mais alors les bénéfices cessèrent. Afin d'assister à l'assem-

blée générale, pour se rendre compte de la
marche de l'affaire, M. Marty, un ami,
presque un allié de famille de Marie, acheta
des actions : il se convainquit qu'elle était
en état de prospérité et avantageuse pour
tout le monde, sauf pour l'usufruit. Muni de
ses actions, il fit examiner les livres de la société par un expert comptable. Ce fut lui
également qui indiqua à Marie l'avoué à la
cour d'appel de Lyon. M⁰ Chareton avait
épousé la fille d'un grand entrepreneur d'Auvergne, ami de Marty et son compatriote ; il
se chargea du procès. Homme d'affaires émé-
rite, M⁰ Chareton est de plus un aimable
homme, un peintre de paysage, dont les
toiles ont été remarquées au Palais de l'Industrie.

L'ex-avoué avait raison : les deux procès
engagés par Marie furent perdus en première
instance à Saint-Etienne ; la cause avait été
défendue par M⁰ Jullemier, le sympathique
avocat, ami de M. Richarme et son ami à elle.
Il avait accepté gracieusement de soutenir
ses intérêts, ne voulant même pas qu'elle
lui remboursât ses frais de voyage à Saint-

Étienne. Le procès vint en appel à Lyon. Très superstitieuse, Marie demanda à Mᵉ Jullemier de ne pas plaider à la cour d'appel l'affaire perdue en première instance.

Séverine la conduisit chez M. Clunet, qui fit quelque difficulté avant d'accepter la défense. Quand Marie avait demandé à Séverine si elle connaissait à peu près le chiffre des honoraires que pourrait demander M. Clunet, elle lui avait répondu :

— Les amies de nos amies ne paient pas ; pour moi, je suis à peu près sûre qu'il ne voudra rien accepter de vous.

Marie n'admettait pas qu'il en fût ainsi. Passe encore si l'affaire s'était plaidée à Paris ; mais à Lyon, avec un tel déplacement, cela n'était pas possible. Enfin, elle eut la réponse de M. Clunet. Il se contentait de cinq mille francs comme honoraires. Pour avoir cette somme, elle s'adressa à M. Marty, qui ne pouvait disposer que de trois mille ; elle restait donc redevable de deux mille francs à M. Clunet. Ce n'était pas la première fois qu'elle avait recours à l'obligeance de M. Marty. Sa fortune étant incessible et insai-

sissable, elle ne pouvait emprunter à des marchands d'argent; les intérêts eussent absorbé
le prêt, et l'assurance sur la vie aurait créé,
si l'on continuait indéfiniment à ne pas distribuer de dividendes, une véritable charge
aux prêteurs. Il se trouva un homme juste
et bon, cœur simple, intelligence active, un
fils de l'Auvergne venu à Paris en sabots,
comme on dit quand on veut parler de ceux
qui ont fait leur situation eux-mêmes. Il appartient à cette forte race qui réunit toutes
les qualités de la race sémitique sans en
avoir les défauts. Comme les juifs, les fils de
l'Auvergne ont l'esprit de famille et le sens
de la solidarité. Mais tandis que, chez les
Israélites, cette solidarité s'exerce entre les
membres d'une tribu nomade indifférente au
sol qui la nourrit, les Arvernes ont l'amour
de la terre natale et c'est dans son souvenir
qu'ils communient. Loin d'elle, ils n'ont
qu'un désir : économiser assez d'argent pour
en acquérir une parcelle et retourner au
pays ; et, comme tous ceux dont la vie plonge
par ses racines dans la terre bienfaisante et
féconde, ils ont l'âme droite, fière et libre.

Par sa faculté de travail, son esprit industrieux, ses qualités d'ordre et d'économie, M. Marty conquit la fortune, et finit par acheter les domaines et seigneuries où les siens avaient été métayers.

Sa femme était originaire d'un faubourg de Paris, charmante de grâce, d'élégance native et aussi de bonté, n'ayant jamais su refuser l'obole de la charité aux pauvres qui venaient frapper à la porte de la boutique. Tous deux s'intéressèrent à l'infortune si imméritée qui accablait Marie, se contentant pour garantie unique d'une assurance sur la vie. Encore cette assurance elle-même a-t-elle suscité toutes sortes de difficultés. La naissance de Marie, apportée en France par sa mère à un mois, n'avait pas été déclarée ; elle n'avait donc pas d'état civil, et il était impossible d'établir son identité ; c'est même pour cela, ainsi qu'on le lui a rapporté, que le procès de *Sarah Barnum* a été repris, abandonné et repris par trois fois. Enfin, un acte de notoriété publique fut rédigé ; et la *Confiance* fit l'assurance au profit de Marty, bijoutier, 54, rue des Francs-Bourgeois. C'est là, dans cette petite boutique, en face du Mont-de-Piété, que se traite le commerce des pierres. On y fait les gros achats, et, le choix arrêté, on vend partiellement aux courtiers, tandis qu'avec les pierres les plus favorables, se composent des bijoux, broches, bagues, bracelets, colliers, que l'on met en dépôt dans les succursales de Nice, Menton, Monte-Carlo, Aix, Vichy, et même à Paris, rue de la Paix et rue de Provence. Marty, se fiant à sa connaissance des pierres, achète bon marché et vend de même ; à force de se renouveler, le petit bénéfice grossit, « fait boule de neige» et devient très important ; et dans cette modeste boutique se traitent les plus grosses affaires. Il n'est pas besoin de faire l'article et de vanter la marchandise : la réputation du marchand à elle seule suffit, et quand on est venu acheter là une fois, on y revient.

Au procès de la cour d'appel se rattache un épisode assez curieux. Marie était allée à Lyon, désireuse d'assister aux débats ; elle était encore très souffrante des suites d'une congestion pulmonaire prise dans des circonstances singulières.

Elle rencontra le directeur de l'Agence-Office, qui lui avait fait louer son hôtel du Parc-Monceau. Il lui dit :

— Vous n'êtes donc plus au château de Houilles ? On est venu me demander de trouver un acquéreur, non seulement pour le château, mais encore pour le mobilier !

En rentrant chez elle, elle trouva une lettre de madame Selinger, lui disant de tâcher de passer à l'entrepôt de la rue Laffitte ; elle désirait lui parler. Elle va ; elle apprend que madame Bru est venue trouver madame Selinger, lui demandant de se rendre à Houilles pour faire l'estimation d'un mobilier. Celle-ci y va donc, et reconnaît le mobilier qui garnissait l'hôtel du Parc-Monceau.

— Mais tout cela est à madame Colombier, s'écrie-t-elle ; je le reconnais ! J'en ai fait l'inventaire et l'estimation ! Du reste, la plus grande partie a été achetée dans des ventes que j'ai faites avec M. Bloch, l'expert, soit à l'hôtel Drouot, soit dans des hôtels particuliers ; et puisqu'elle vous l'a vendu, vous devez avoir l'acte de vente ou son autorisation, sans laquelle je ne puis rien acheter ?

— Nous verrons. Du reste, je ne suis pas tout à fait décidée.

Alors, pour ne pas s'être dérangée pour rien, madame Selinger acheta une petite pendule assez curieuse dont la dame put lui justifier la provenance, et que Marie, du reste, ne reconnaissait pas comme sienne. Marie fit les formalités nécessaires, et quelques jours après le tribunal de Versailles l'autorisait, dans les quarante-huit heures, à faire mettre sous séquestre dans un garde-meuble le mobilier désigné par elle.

A Versailles, elle avait pris froid ; sortir, c'eût été risquer sa vie ; impossible d'aller à Houilles, désigner le mobilier lui appartenant. Elle ne put bénéficier du référé, qui était exécutoire dans les quarante-huit heures.

On vint en appel à Paris, et M. Sick, l'avocat, se présenta à la barre pour défendre madame B.u contre Mᵉ Jullemier. Il déclara que madame Colombier avait « menti » ; qu'il n'avait jamais rédigé de bail, qu'à plus forte raison il n'en était pas dépositaire ; qu'en fait de mobilier, possession vaut titre ; que madame Bru était chez elle, dans sa propriété, et qu'elle ne cherchait nullement à la vendre, pas plus que son mobilier. C'était le gendre de madame Bru, marchand de curiosités, qui avait apporté dans le château ce mobilier superbe. A cette explication, on *oublia* de répondre que ce gendre était mort insolvable, couvert de dettes ; et que tout, château, meubles, objets d'art, tapisseries, etc., etc., avait été vendu après sa mort au profit des créanciers du failli.

L'avocat de madame Bru concluait qu'il n'y avait pas lieu de faire bénéficier madame Colombier d'un référé exécutoire dans les quarante-huit heures, et demandait que la dite dame fût déboutée purement et simplement.

— Si elle a apporté un mobilier à Houilles, disait-il, qu'elle en fournisse la preuve.

C'était un procès qui durerait bien cinq à six ans, avec les délais.

Encore malade et couverte d'emplâtres, Marie avait voulu assister aux débats de Lyon. Son amie, madame Manoury, la voyant dans cet état, voulut l'accompagner. Elles partirent donc pour Lyon ensemble, et descendirent à l'hôtel Bellecour. Le lendemain de leur arrivée, madame Manoury dit à Marie :

— Devinez qui je viens de rencontrer dans l'escalier ? Arthur Bloch, l'expert. Je lui ai dit que j'étais ici avec vous, que nous resterions quelques jours.

Marie revint à Paris, pour attendre le prononcé du jugement. Elle rencontra madame Selinger, qui lui dit :

— Eh bien! vous avez donc laissé vendre votre mobilier de Houilles ? Vous auriez bien mieux fait d'accepter la proposition que Bloch et moi nous vous avions faite ; vous auriez vendu dans de bien meilleures conditions.

— Comment ? je ne comprends pas. Mon mobilier vendu ?

Madame Selinger expliqua à Marie que M. Bloch était venu au garde-meuble, qu'il avait marchandé la petite pendule, qu'il l'avait trouvée trop chère. Elle avait répliqué qu'en effet elle l'avait payée cher, et raconta dans quelle circonstance.....

— Le château de Houilles ? Mais je fais la vente, je suis en train d'en dresser le catalogue, répondit l'expert.

— Mais dites donc, Bloch, vous n'en avez pas le droit ; c'est le mobilier de madame Colombier : vous avez dû le reconnaître ; il garnissait son hôtel de Paris.

— J'étais sur l'affaire avant vous : si je ne l'ai pas faite, c'est que la bonne femme n'a pas pu me justifier qu'il était sa propriété.

— Si l'affaire est faisable pour vous, elle est aussi faisable pour moi ; ou, tout au moins, *part à deux.*

M. Arthur Bloch ne s'arrêtait pas à ces considérations. Le catalogue fut dressé et la vente se fit après exposition publique à l'hôtel Drouot, par le ministère de deux commissaires priseurs, et cela avait eu lieu pendant que Marie était à Lyon. Elle mit opposition sur le produit de la vente.

M. Bloch déclara avoir versé l'argent à madame Bru. Sur ces entrefaites, on apprit la mort de M. Sick ; l'avocat avait rendu à... Dieu sa belle âme. Marie se dit qu'un homme capable d'une infamie semblable, d'un pareil abus de confiance, n'avait pas dû se dessaisir des papiers dont il avait nié la possession. Elle porta plainte. Le conseil de l'ordre nomma un avocat pour examiner les papiers : on trouva le bail signé de madame Bru. Celle-ci, en apprenant la mort de son avocat et conseil, réclama ses papiers : on lui répondit que madame Colombier avait mis opposition. Elle eut un tel saisissement qu'elle fut prise d'une congestion du cerveau et en mourut.

Quant à Marie, elle fait un procès à la succession Bru. Elle ne peut payer et de la délégation sur ses dividendes et de son mobilier ; de plus, elle rend M. A. Bloch responsable et réclame des dommages et intérêts.

— Où est-il, le doigt de Dieu ?

Un grand chagrin était réservé à Marie : elle assista à l'agonie de madame Marty, cette jeune femme si charmante et si bonne. Elle relevait de couches, elle prit froid : une pleurésie s'était déclarée. Au lieu de la traiter énergiquement, le médecin se contenta de lui appliquer des sinapismes : le cœur se

trouva noyé, comme par la rupture d'un ané-
-vrisme.

Dans cette maison si heureuse, entrèrent
le deuil et la tristesse. Marty resta seul avec
deux enfants, deux petites filles, dont l'une
était à la nourrice, et l'autre avait treize ans,
l'âge où l'on a le plus besoin d'être guidé par
la tendresse maternelle.

Marié sous le régime de la communauté,
soumis à un conseil de famille, Marty ne
pouvait plus rien distraire de sa fortune, et
était dans l'impossibilité de continuer à venir
en aide à Marie.

Celle-ci avait réclamé du tribunal de Saint-
Étienne la liquidation de la succession : elle
ne voulait pas rester plus longtemps dans
l'indivision. Elle trouvait abusif de payer des
honoraires à un administrateur qui adminis-
trait d'une façon si contraire à ses intérêts.
Le tribunal conclut qu'il n'y avait pas ur-
gence de faire droit à sa demande, attendu
qu'elle n'était pas dans la misère. Faut-il donc
mourir de faim pour prouver sa « misère ? »

Alors, n'ayant plus d'autre ressource, elle
fit appel à ses camarades, et elle qui avait eu

la main si largement ouverte, qui avait organisé tant de bénéfices pour les autres, s'a-
dressa pour elle-même à cette solidarité con-
fraternelle qui unit les artistes du théâtre.
Elle organisa une représentation à la Porte-
Saint-Martin.

CHAPITRE XIV

Ce que coûte un bénéfice. — La représentation à la
Porte-Saint-Martin. — Vingt et un jours chez Pasteur. — Riche ou pauvre ?

Mais il faut être riche pour organiser une
représentation à son bénéfice ! Marie en fit
l'expérience. Des démarches, encore des démarches, toujours des démarches. Aujour-
d'hui, tout est organisé : c'est l'apaisement, la
joie : le lendemain, tout craque. Elle s'adressa
d'abord à ceux qu'elle croyait ses amis et
amies, à ceux qui avaient profité des joyeuses
parties, des fêtes amusantes, des dîners inté-
ressants qu'elle avait donnés. Samuel était
en première ligne.

— Comment donc, ma chère, mais tout ce
que je pourrai ! Le théâtre, les artistes sont

à vous. Disposez de moi à votre bon plaisir et
grande utilité.

Rien n'était assez intéressant, assez attrac-
tif à son gré. Il voulait ceci, ne voulait pas
cela. Pour en causer plus à l'aise, Marie fut
priée à dîner au théâtre, dans son bureau,
entre la répétition et la représentation.

Elle croyait qu'elle allait pouvoir s'entretenir dans l'intimité avec Samuel : il y avait
douze personnes ! Parler sérieusement était
impossible ; on parla donc de tout, sauf de ce
qui l'intéressait tant. Elle se demandait ce
qu'elle était venue faire dans ce milieu de
joie et d'insouciance où elle détonnait ; après
la minute d'attention polie qui suivit la présentation de Samuel, on oublia la présence
d'une personne si peu dans le train.

Outre Samuel, elle était allée voir une danseuse, intime chez elle, où pendant des années
elle avait fait la pluie et le beau temps.

— Vous voulez organiser une représentation à votre bénéfice, lui dit celle-ci, et vous
demandez un article en première page dans
un journal. Mais, ma chère, vous n'êtes pas
intéressante ! Vous n'organiserez rien du

tout : on vous promettra, on ne tiendra pas.

— Oh ! par exemple ! Venant de vous, l'observation est doublement étonnante ; on n'aurait pas cru cela à la fête de *la plus jolie Femme de Paris*. Quand j'ai sollicité pour les autres, j'ai obtenu tout ce que j'ai demandé.

— Autrefois, c'est possible, quand vous les aviez tous dans votre manche, quand vous les receviez à votre table. Mais aujourd'hui que vous n'avez plus d'hôtel, *finita la gioia*.

— Je ne sais où vous prenez une si mauvaise opinion du journalisme français, mais je vous assure que vous vous trompez, et je vous le prouverai ; dans tous les cas, je puis compter sur vous pour la pantomime ?

— Oh ! moi, oui.

Les amis de la danseuse, qui étaient ceux de Marie bien avant de devenir les siens, et sur qui elle se croyait en droit de compter, ne lui accordèrent qu'une publicité si modeste, qu'elle renonça à solliciter leur appui.

La demoiselle s'enfuit par les grandes routes sans prendre la peine de prévenir Marie qui fit retirer son nom de l'affiche.

M. Arthur Meyer, directeur du *Gaulois*, fit

l'accueil le plus cordial à la bénéficiaire, et mit son journal à la disposition de Samuel, organisateur de la représentation. Ce dernier, qui, au début, était tout feu tout flamme, était devenu plus que tiède, remettait les rendez-vous qu'il avait donnés, faisant attendre Marie des après-midi entières dans la petite loggia du garçon de bureau. Quand elle lui rappelait sa présence, il lui faisait répondre par le garçon de service : « Qu'elle attende ! »

Elle commença par être affreusement humiliée ; mais elle s'était promis de ne se laisser rebuter par rien, et se demandait aussi jusqu'où pouvait bien aller l'impolitesse d'un homme qui s'était déclaré son « reconnaissant » ami. Quand, par échappée, elle finissait par le rencontrer, c'était une critique de ce qu'elle avait voulu organiser ; il lui faisait refuser les offres des artistes qui s'étaient mis à sa disposition : c'était autant d'ennemis pour elle. Mais Samuel disait avoir des projets plus attractifs ; tout ce qu'on lui proposait ne ferait que de l'encombrement.

— J'ai Baron, disait-il, Brasseur, Guy,

Germaine Gallois, dans une fantaisie désopilante; puis les Barrison, Jeanne Granier, Marcelle Lender, Lavallière, Diéterle.

Marie fit les démarches, obtint le consentement des artistes; alors, en arrivant à un rendez-vous donné par Samuel, elle apprit que sans rien conclure, sans la prévenir, il était parti pour l'Italie. On remit la représentation; la publicité, les affiches, tout était à refaire.

Au *Gaulois*, Marie rencontra Duquesnel, son ancien directeur. En voilà un qui fait mentir le proverbe! Il ne se contente pas d'avoir de l'esprit, il est bon et serviable. Duquesnel, dans des articles au *Gaulois* et au *Figaro*, plaida pour Marie. Victor Maurel revenait d'Amérique; elle sollicita son concours qui fut accordé.

De la part de la Comédie-Française, il n'y eut aucune défection.

— Je suis forcé de partir pour Bergerac, lui dit Mounet-Sully; quel que soit le jour de votre représentation, je reviendrai la veille : vous pouvez compter sur moi.

Tout semblait arrangé, conclu; tout à coup

Victor Maurel déclare qu'après une si longue absence de Paris, il ne peut faire sa rentrée dans un morceau isolé : il ne lui convient pas de venir chanter sa romance tout simplement ; le public attend autre chose de plus complet. Si l'on tient absolument à lui, il chantera le troisième acte de *Rigoletto*.

— Mais c'est fou, dit-on à Marie : il vous a dit cela pour ne pas refuser tout à fait! Songez donc, il faut un orchestre, des chœurs ; pour de petits rôles qui sont de véritables corvées, vous ne pouvez demander à des artistes de les tenir pour vous rendre service : vous devez vous adresser à des correspondants de théâtre. Il faut des costumes pour tout ce monde des répétitions d'orchestre, que vous devrez payer. C'est, au bas mot, trois mille francs de frais. Le concours de Maurel vous les apportera-t-il ?

Marie se rappelait la prédiction de la danseuse : elle accéda à tout. Elle ne fit même pas d'objection à propos du décor, qu'il fallut charrier des magasins d'accessoires et dont le transport, aller et retour, avec les hommes d'équipe, coûta cinq cents francs.

Grâce à la bonne volonté de M. Émile Bourgeois qui dirigea chœurs et orchestre avec sa
science impeccable du rythme et son a o-
rité parfaite, la veille de la représentation on
pouvait espérer que tout irait bien. Mounet
avait tenu sa promesse ; il était revenu et
avait répété à la Porte Saint-Martin la *Grève
des Forgerons* de François Coppée avec une
figuration animée, que Duquesnel avait réglée, soigneusement mise en scène, et qui
comprenait les artistes en vedette des
théâtres du boulevard ! Desjardins, de fière
mine et de verbe sonore ; Péricaud, l'excellent comédien plein de finesse et de bonhomie ; Gravier, de si verte allure ; Laroche,
Brémont, dont le talent est si simple et si
sûr ; Paul Mounet, le président ; les deux Coquelin, le père et le fils. — Tout était donc
entendu. Mais le soir arriva une lettre de
Maurel, dont rien, à la répétition de la journée, n'avait pu faire prévoir la teneur
étrange. Décidément Maurel refusait son
concours à Marie. Celle-ci, désespérée, court
chez Coquelin, lui peint son embarras. A
présent tous les frais sont faits ; Armand Sil-

vestre, Duquesnel, pour me le conquérir, ont fait retentir les journaux de ses louanges ! Et ce troisième acte qui est annoncé !

Que faire ? remettre encore la représentation est impossible. Et les éloges pompeux décernés à Maurel, au détriment d'autres artistes, ont provoqué des susceptibilités, amené des défections.

Enfin Coquelin écrit une lettre à Victor Maurel, lui demandant en son nom personnel, et à moins d'impossibilité absolue, le concours qu'il avait promis et qui avait été pour Marie la cause de si grandes dépenses. A minuit, celle-ci sortait de chez Maurel, emportant l'assurance qu'elle pouvait compter sur lui.

Elle alla dire à Coquelin l'heureux résultat de son intervention.

Le lendemain la représentation eut lieu ; elle fut splendide. On eut la joie d'applaudir des artistes puissants ou charmeurs : mademoiselle Pierny, exquisement blonde et bien disante ; Villé, si fin dans ses vieilles chansons ; Fragson, déjà célèbre, Blanche Marie dans une légende inédite d'Armand Sil-

vestre, dónt la musique délicate, de Francis
Thomé, accompagnée au violon par mademoiselle Levallois, faisait valoir la grâce;
Mealy, la beauté blonde et joyeuse, le
charme, le rire, la bonne humeur vibrante,
éclatante ; elle ne pouvait quitter la scène,
sous les *bis* répétés du public. La Comédie-
Française étayait de sa gloire solide et de
son prestige incomparable cette représentation de la Porte-Saint-Martin, qui fut un
triomphe pour ses représentants. Le succès
de l'admirable Mounet-Sully, qui n'avait
jamais été plus tragique, d'une plus âpre et
impressionnante éloquence, porta la *Grève
des Forgerons* de la Porte Saint-Martin à la
rue de Richelieu. *L'Été de la Saint-Martin*,
de Meilhac et Halévy, fut joué par l'adorable
Baretta-Worms, qui s'y montra parfaite de
gaîté attendrie, de jeunesse et de charme dans
le rôle d'Adrienne, à côté de Feraudy, de
Baillet, de madame Fayolle. Coquelin,
dans le *Naufrage*, fut Coquelin, à la fois
superbe et terrifiant. *Sapho*, d'Armand
Silvestre, ce poème dramatique d'un si
beau lyrisme, trouva de dignes interprètes

dans mademoiselle Moreno, Silvain et De-
helly.

Dans le troisième acte de *Rigoletto*, Maurel
donnait la réplique à madame de Nuovina,
l'étoile ravissante de l'Opéra-Comique qui
chantait le rôle de Gilda. Son harmonieuse
beauté, sa grâce de jeunesse et d'émotion, sa
voix superbe au timbre merveilleusement
précis, enthousiasmèrent le public. Dans
l'avant-scène du rez-de-chaussée où les artistes venaient, à l'abri des petits écrans, entendre les camarades, on se demandait ce
qu'il fallait le plus admirer, ses bras ou sa
voix. « J'admire et applaudis également l'un
et l'autre, » déclara Coquelin. Et en effet,
madame de Nuovina chantait de façon à rappeler la grande tradition des Malibran et ses
bras magnifiques auraient su porter la lyre
comme ceux de la Pasta. Segond-Weber fut
admirable dans la scène du *somnambulisme*.
Quant à Samuel qui avait tant promis, la défection de son théâtre fut presque complète ;
on ne s'en aperçut pas heureusement. Le
théâtre des Variétés était représenté par la
première d'une pantomime inédite de

MM. Charlot (directeur actuel du Palais-Royal) et Paul Deschamps. La recette fut de huit mille francs à peu près.

Mais ce qui a été une grande joie pour la bénéficiaire, c'est la sympathie qu'elle a rencontrée, le dévouement que lui ont témoigné ses anciens camarades de l'Odéon et de la Comédie-Française, l'appui qu'elle a trouvé dans la presse, au *Figaro*, au *Gaulois*, grâce à Duquesnel ; au *Journal*, grâce au directeur Fernand Xau. M. Xau, ce Parisien aimable et charmant qui pratiquait avec tant de bonne grâce la première des vertus mondaines, l'obligeance, fut parfait pour Marie, et elle tient à rendre ce témoignage à sa sincère amitié.

Séverine était rentrée à Paris ; Marie alla la voir.

— Pourquoi ne feriez-vous pas vos Mémoires ? lui dit-elle ; vous devez avoir des choses curieuses à raconter.

— C'est que j'en ai tant mis dans mes chroniques et mes romans ! Il ne reste pas grand'chose pour des mémoires. Mais vous me donnez une idée. Par ce temps où grands

et petits tiennent registre de leurs souvenirs,
pourquoi pas?

L'idée germa dans son cerveau; un an plus
tard, le premier volume paraissait. A remonter ainsi dans le passé, une tristesse affreusement énervante l'envahissait; elle regardait,
en spectatrice, sa vie défiler devant elle tout
entière, suivant les évolutions de ce moi qui
était elle et qui n'était plus elle. Le poëte
n'a-t-il pas dit qu'après un certain âge, la vie
se divise en deux parts dont la meilleure
appartient au tombeau? Amitiés, amours,
bonheurs, joies de toutes sortes, et souffrances
aussi qui nous firent âprement sentir l'émotion de la vie, tout cela est enfermé à jamais
sous la lame funéraire ou sous le couvercle
encore plus pesant de l'irrémédiable oubli:
ce sont des morts qui ressuscitent un instant
à l'appel de notre voix et se recouchent ensuite dans leur tombe. Puis il y a une sensation très pénible à s'analyser rétrospective-
ment, à prendre conscience de ses imprudences et de ses erreurs. Que de fois n'a-t-on
pas manqué de saisir la main auxiliatrice
qui se tendait vers nous, de cueillir la grappe

des félicités spontanément offertes ! Marie
se disait qu'elle avait ouvert les doigts et
laissé tomber à ses pieds tout ce qu'elle aurait
dû recueillir de l'existence fugitive.

Elle habitait, aux environs du Trocadéro,
un logement envahi par les moustiques du jardin : ses poignets étaient couverts de piqûres.
Dans la préoccupation et l'énervement du
travail, elle égratignait inconsciemment les
petites cloques jusqu'à les faire saigner. Une
de ses amies, Émilia Laus, lui avait donné
un chien, un loulou de Poméranie, que Catulle Mendès avait appelé Saphir, en souvenir
du succès de sa pantomime, ainsi intitulée.
Saphir ne quittait pas sa maîtresse ; à Houilles,
où Marie avait une véritable meute, il avait
seul le privilège d'être admis dans les appar-
tements. Rentrée à Paris, elle avait donné
ses chiens à des amis, ne gardant que Saphir.
L'animal, en jouant avec sa maîtresse, lui
léchait les poignets. Marie le laissait faire,
croyant au dicton populaire qui prétend que
la langue des chiens guérit les blessures. La
petite bête, qu'elle trouvait trop bruyante
d'habitude et qui remplissait la maison de

ses aboiements, avait la voix enrouée. Mais, la sachant très sujette aux bronchites, Marie interrogeait la domestique :

— Vous avez laissé Saphir prendre le froid ? Vous avez dû le sortir par la pluie ; vous ne l'avez pas essuyé et avec son long poil humide il se sera refroidi. Il faut le porter chez Kriegelstein, le vétérinaire.

La perspective d'aller rue d'Edimbourg séduisait peu la domestique, qui remettait au lendemain. Aux questions de Marie, elle répondait :

— Mais il est gai quand on le sort, il court et il mange.

Sa maîtresse, préoccupée de son travail, le négligeait un peu. Cependant, la nuit, elle était étonnée de l'entendre constamment clapoter dans son bol d'eau, et plusieurs fois, trouvant le liquide tout brouillé, elle avait accusé la domestique de négliger de le renouveler.

Une nuit, Marie, en train de travailler, avait veillé tard. Comme elle s'était couchée, son chien, qui avait sauté sur son lit, vint à à elle, faisant entendre une toux rauque, comme s'il étranglait. Elle caressa la bête qui avait l'air de chercher protection près d'elle. Elle lui frictionna le cou, le dessous de la tête. Enfin l'accès calmé, elle s'endormit. Elle se réveilla en se sentant lécher la figure par son chien. Elle l'interpella. On s'habitue à croire que ces petits animaux vous comprennent, et de fait, vivant de votre vie, s'identifiant avec vos propres sensations, ils devinent les inflexions de votre voix ; il ne leur manque même pas la « parole ». On en vient à les traiter comme des enfants.

— Comme tu es tendre, Saphir ! Qu'est-ce tu as donc ?

Marie abandonnait ses mains à son chien, mais elle ne lui permettait pas de caresser son visage.

— Allons ! reprit-elle, laisse-moi dormir et va te coucher.

Elle entendit le chien faire de nouveau clapoter l'eau de son bol : elle se dit que la bête devait être singulièrement altérée. Le lendemain, elle voulut renouveler l'eau elle-même : le bol qu'elle croyait vide était plein d'un liquide trouble et glaireux. Elle résolut de conduire elle-même Saphir chez le vétérinaire celui-ci déclara le chien enragé.

— Il faut l'abattre, conclut-il.

— Enragé? mais il est tout le temps dans l'eau!

— Vous avez constaté vous-même qu'il n'absorbait pas cette eau, qu'elle est sale et boueuse.

— Pourtant le chien enragé a horreur de l'eau!

— Détrompez-vous; il ne peut l'avaler, et il s'épuise en vains efforts. C'est surtout le long des cours d'eau qu'on rencontre les chiens atteints d'hydrophobie; ils voudraient boire, ils ne peuvent pas. Est-ce que l'animal vous a mordu ?

— Pas du tout ; il n'a jamais été si caressant, au contraire. Lui qui ne lèche jamais, il m'a léché les poignets. Et tenez, ils sont dans un joli état. Les moustiques me dévorent.

La figure du vétérinaire se décomposa ; il regarda les éraflures.

— Comment, il a léché vos poignets écor-chés ?

— Oui.

— Depuis quand est-il malade ?

— Mais je ne sais pas au juste.

— Comment ne me l'avez-vous pas envoyé ?

Marie raconta la négligence de sa domestique.

— Saphir est malade, dit-elle ; mais enragé, non, ce n'est pas possible.

— Il a peut-être été mordu ?

Elle se souvint qu'on avait signalé plusieurs chiens enragés dans le quartier, et Saphir, très batailleur, s'attaquait surtout aux gros chiens ; la domestique qui le sortait avait manifesté souvent sa crainte de lui voir casser les reins.

— Enfin, depuis combien de jours votre chien est-il malade ?

— Une semaine, je crois.

— Vite, montez en voiture, allez chez Pasteur !

L'anxiété qu'exprimait le visage du praticien épouvanta Marie. Elle le questionna :

— Vous avez donc des craintes ?

— Comment, vous, madame Colombier,

avez-vous pu être imprudente à ce point ?
Allez à l'Institut Pasteur, répondit-il, d'une
voix si altérée que Marie lui dit :

— Je vous en supplie, ne m'effrayez pas !
J'ai une maladie qui me met les nerfs à fleur
de peau. Souffre-t-on beaucoup ? Y a-t-il un
remède prompt pour « délivrer » ceux qui
sont atteints de ce mal atroce ?

— Mais vous n'en êtes pas là !... Allez
chez Pasteur ! Je suis forcé d'abattre votre
chien, mais il n'est pas enragé ; regardez
comme il est sage.

La bête s'était pelotonnée aux pieds de
Marie, dans un pli de sa robe.

— Allez chez Pasteur, répéta-t-il.

Elle monta en voiture. Il était sept heures
quand elle arriva à l'Institut. Bien qu'il fût
tard, elle eut la chance de rencontrer M. Chai-
gneau qui lui conseilla de revenir le lendemain à dix heures à la consultation.

Quand elle s'y présenta, on lui dit de
venir pendant vingt-et-un jours de suite.

— Tenez, entrez dans cette salle, on vous
indiquera ce que vous devez faire. A l'appel
de votre nom, vous viendrez.

En arrivant, Marie eut un serrement de
cœur, traversa le jardin où les patients se
promènent ; puis, lorsqu'elle se rendit à la
consultation en franchissant une grande salle
garnie de bancs de bois où femmes, enfants,
vieillards, sont assis, attendent leur tour,
— oh ! les pauvres gens ! — devant leur misère
elle oubliait la sienne. C'étaient, pour la plupart, des ouvriers, des paysans envoyés aux
frais de leur commune, d'autant plus tou-
chants qu'ils ne manifestaient aucune inquiétude, n'ayant que le regret de la bête si fidèle
et de si bonne garde, et des bestiaux qu'il avait
fallu abattre ; accablés par la ruine bien plus
que par la pensée de l'horrible mal. Tout ce
monde, en contant sa peine, était calme, presque résigné. Est-il rien de plus navrant que
cette soumission des humbles à toutes les
atrocités de la destinée qu'ils semblent avoir
acceptées d'avance et qui sont comme le
pain quotidien de leur triste vie ? Il y avait,
entre autres, une fermière venue du Rhône,
dont les brouillards favorisent le développement de la rage ; elle tenait dans ses bras
son nourrisson qu'elle allaitait ; deux autres

bambins étaient accrochés à ses jupes. Elle
raconte son histoire : son chien était à l'attache ; elle s'est approchée de lui la nuit, sans
lui parler ; il a été surpris, sans quoi il ne
l'aurait pas mordue. Il lui a sauté après, lui
enfonçant ses crocs dans le ventre.

— La pauvre bête, elle m'avait sauvé la vie
deux fois, disait la femme les larmes aux
yeux. Nous avons une auberge tenant à la
ferme. Un jour, deux rôdeurs sont venus ;
moi, j'étais seule : mon homme était dans la
cour. Ils me demandent à boire, je m'en
vais leur en querir, mais voilà un des hommes
qui veut se jeter sur moi. Au même moment,
mon chien lui saute à la gorge. Il l'aurait
ben étranglé, ma foi, si on n'était pas venu
en l'entendant crier. Alors on lui a fait lâcher
l'homme. L'autre s'était ensauvé.

On entendait venant des autres salles les
cris des enfants dont on pansait les plaies ;
ce sont surtout les mollets qui sont atteints.
Marie trouva, dans la petite salle qui lui avait
été indiquée, une dame avec ses deux jeunes
filles de quatorze à quinze ans, accompagnées
de leur gouvernante. Cette dame lui indiqua

qu'elle devait d'abord se débarrasser de son
corset, puis, avec les ciseaux, faire des en-
tailles à la chemise des deux côtés :

— Il n'y a pas de temps à perdre, dit-elle ;
on vous appelle, vous entrez à moitié dévêtue ;
on vous fait dans le flanc, de chaque côté, une
piqûre. Tant que dure le traitement, vous
ne devez pas mettre de corset : il faut que le
sérum puisse circuler librement.

La dame lui donnait ces détails avec une
bienveillance et une complaisance parfaites,
l'aidant à se déshabiller. Les jeunes filles,
elles non plus, n'avaient pas été mordues,
mais leur petit chien leur avait léché les
mains et on a presque toujours de petites
éraflures ; c'était par prudence que le médecin
leur avait ordonné de venir à l'Institut.

En sortant du sanatorium où elle venait
de voir tant de souffrance aggravée de tant
de misère, Marie aperçut à la porte un splendide équipage à deux chevaux où la dame
s'installa. Elle s'informa ; c'était la richis-
sime veuve d'un ambassadeur étranger.

Rentrée chez elle, Marie, grelottante de
fièvre, se jeta sur son lit. Les yeux fermés,

mais éveillée, elle fut prise d'hallucinations horribles. Les mille fantômes du délire défilèrent entre ses paupières closes, dans une ombre rougeâtre. Une apparition surtout se présentait, horrible, obsédante, fascinatrice. Toute petite, ayant à peine plus de trois ans, elle avait vu à une croisée un homme effrayant, les cheveux droits, la figure grimaçante, les yeux hors de la tête, l'écume à la bouche. Il avait tout cassé, tout brisé ; on avait fini par entrer dans la chambre, et alors, en se garantissant avec un matelas, des oreillers, on avait marché sur lui ; on l'avait terrassé, étouffé. Il était enragé.

Ah ! l'affreuse réminiscence de cette scène qui surgissait avec une précision terrible du plus lointain de sa petite enfance ! Est-ce qu'elle allait devenir, elle aussi, la proie de ce mal effroyable qui change la créature humaine en une figure démoniaque, hurlante et écumante, comme les damnés dans les imaginations du moyen âge, ou comme une bête fauve dont on s'écarte avec épouvante ? La rage ! Maladie atroce qui tord, convulsionne, défigure et bestialise la forme

humaine ; qui fait du misérable qu'elle torture un fléau vivant, un martyr furieux,
avide de répandre autour de lui les poisons
qui le dévorent.

Le sang de Marie circulait dans ses veines
avec plus de force ; il semblait y bouillonner ;
puis ces ardeurs morbides faisaient place à
une torpeur glacée où son cœur lui semblait
s'engourdir pour cesser de battre. Elle se disait : « Si je m'endors, c'est fini, je ne m'éveillerai plus ». Alors, elle tordait sa chair à
poignées, afin que la souffrance physique fît
cesser cette insensibilité inquiétante. Ses
yeux injectés ne distinguaient qu'à peine les
objets ; puis, après trois heures, l'accès passé,
tout s'apaisait, la vie reprenait son cours.

Horrible cauchemar ! Torture innomable
de se dire que peut-être l'on porte en soi le
germe du plus effroyable de tous les maux et
que cette fatalité latente peut éclater d'un
instant à l'autre !

Supplice moral tellement atroce qu'il
arrive à affoler le caractère le plus énergique.
La seule idée de la possibilité d'une telle maladie a suffi, paraît-il, à en déterminer l'ex-

plosion même chez des individus qui n'ont subi
aucune morsure — par simple suggestion.
Les séances à l'hospice Pasteur ravivaient
ces hallucinations. Tous les jours, Marie se
retrouvait en face de l'effroyable mal dont ces
visites quotidiennes lui remettaient sous les
yeux des exemples à la fois terribles et tou-
chants. Une curiosité douloureuse, insatiable,
s'empare du patient, pour tout ce qui se rapporte à la rage, aux cas innombrables qui se
renouvellent, différents, chaque jour. Les
gens envoyés là sont croyants : ils ont foi dans
l'efficacité des piqûres ; plus le traitement
avance, plus la douleur s'exaspère ; il semble
que ce soit du plomb fondu qu'on vous intro-
duit dans la chair, tant la sensation des brû-
lures est vive. En quittant la salle d'intoxica-
tion, on marche courbé, en se tenant les
flancs ; puis la douleur suit la marche décrois-
sante et va s'atténuant. La complaisance,
l'indulgente bonté des chefs de service est
égale pour tous ceux qui recourent au traitement absolument gratuit ; ils traitent les mi-
séreux avec les mêmes égards que la grande
dame et ses filles.

Et dire que Rochefort a pu attaquer jadis l'œuvre de Pasteur! Ce serait à souhaiter qu'il soit mordu à son tour! Comme il se rallierait à l'espérance qui vous est offerte de combattre l'affreux mal! Quel bienfait, déjà, que cette quiétude que l'Institut procure à la plupart des malades!

D'après les renseignements donnés à Marie, la maladie éclot dans les neuf jours — ce qui explique l'inquiétude de Kriegelstein, — ou dans les quarante jours. C'est effrayant à dire, mais tous les chagrins de sa vie, ceux qu'elle a avoués au public dans ces Mémoires et ceux qu'on sent courir entre les lignes, ne sont rien à côté de la crainte qui la hantait, de la torture de l'idée fixe. On pense à se tuer. Mais des considérations vous arrêtent, le courage hésite! Puis l'espérance. Si Saphir n'était pas enragé? J'aurais dû faire faire l'autopsie. Et puis enfin la guérison est « sûre »; si le virus était passé dans les veines, la rage serait déclarée à présent. Quarante jours d'inquiétude! La montagnarde qu'était sa mère avait mis dans les veines de Marie un sang vigoureux, pour qu'elle ait résisté à cette épreuve-là, avec une nature nerveuse comme la sienne. Que peut lui réserver l'avenir ?

Marty avait eu l'idée d'envoyer un expert comptable vérifier les livres au siège de la société. Il trouvait extraordinaire cette absence complète de bénéfices, tout étant absorbé par la réserve, les frais généraux et l'intérêt des obligations, sans qu'il fût distribué aucun dividende. A Rive-de-Gier, sous un prétexte plus ou moins spécieux, on refusa communication de la plupart des livres.

— Nous savons bien que cela ne se fait pas, répondirent les employés à l'expert, mais nous avons des ordres.

Enfin, c'est le règne absolu du bon plaisir.

Cependant M. Cornu, l'expert comptable de Lyon, releva ce fait : contrairement aux statuts, on payait vingt mille francs par an sur la dette Deriard, et vingt mille francs de ce fait étaient portés à l'amortissement. Une dette ne s'amortit pas, elle se rembourse, sans plus. Cela fait donc vingt mille francs par an dont l'actionnaire est frustré, soit aujourd'hui un total de cent quarante mille francs.

Avant de formuler, à ce sujet, une réclama-
mation devant les tribunaux, Marty voulait
être sûr du bien fondé de sa revendication :
il consulta plusieurs experts, entre autres
M. Léautey ; tous déclarèrent que les agissements dont il se plaignait étaient antistatu-
taires et illégaux. On amortit un actif fictif
ou susceptible de détérioration ou de dépréciation, mais un passif, jamais. A l'assemblée
générale, Marty protesta ; on passa outre, en
invoquant l'avis conforme de la majorité.

Croyant avoir la paix, Marie avait fait au
profit de M. Deriard l'abandon de cette majorité que M. Richarme avait pris soin de lui
assurer en refaisant son testament jusqu'à
trois fois. On se servait maintenant, pour
chercher à la dépouiller, de cette imprudente
cession.

Légataire universelle, héritier de la nue
propriété intégrale, M. Deriard avait tout
intérêt à faire mettre les bénéfices à la réserve, et à ne laisser distribuer aucun dividende à l'action, puisque jusqu'à l'extinction
de la dette successorale, il n'avait rien à prétendre sur ces dividendes.

Quand les besoins de la succession oblige-
ront le liquidateur de mettre en vente des
actions, dépréciées par suite de la non distribution d'intérêts, il sera facile de les acquérir
pour un morceau de pain. Le directeur pourra
racheter en détail avec ses appointements et
les bénéfices personnels dans l'affaire. A
moins qu'il ne lui survienne l'héritage maternel, ce qui le mettrait à même de réclamer la
liquidation en bloc de la succession, dont,
alors, il se rendrait acquéreur pour la totalité,
le public s'étant désintéressé de l'affaire,
devant la lutte de la nue propriété et de l'usufruit. Cependant, c'est un jeu dangereux, car
il pourrait surgir un amateur résolu, au profit
duquel il aurait tiré les marrons du feu.

Telle est l'histoire de ces démêlés, légen-
daire à présent dans le pays. Dernièrement, à
Lyon, on discutait une mise en actions. Quelqu'un vient à proposer le système employé à
Rive-de-Gier :

— Le système Richarme-Colombier ! s'é-
cria-t-on. Ah ! non, il ne faut pas nous la
faire. Nous connaissons celui qui l'a inventé.

Et voilà comment avec un peu d'habileté

et peu de préjugés, on arrive à rendre nulles
les volontés les plus formelles d'un mort,
dont l'expression a été par trois fois réitérée.
Marie saura bientôt par la Cour d'appel de
Lyon si la loi est impuissante à protéger
l'équité méconnue, et quels sont ceux qui ont
définitivement raison, des hommes d'affaires
ligués dans la même pensée d'intérêt et de
haine contre une femme sans défense et sans
alliés naturels, ou de leur victime, dont le
tort unique est sans doute d'avoir mérité
l'affection de celui qu'ils étaient arrivés à
détester.

Cette suprême amertume était réservée à
Marie après tant d'agitations où la joie et la
peine ont eu leurs parts inégales. En cet
automne de l'existence où les passions et les
rancunes désarment, où la lassitude d'avoir
vécu imprègne tous nos sentiments d'une
sorte de langueur apaisée, il est bien triste
d'avoir à lutter encore, avec plus d'âpreté
que jamais, contre des adversaires impla-
cables ! Il est cruel aussi d'envisager les
rigueurs possibles de la destinée, alors qu'on
aurait droit au repos et à la sécurité. Sera-

t-elle pauvre, sera-t-elle riche ? Cette incertitude est pour Marie la punition d'un désintéressement qui a dédaigné la prudence du siècle.

Pauvre cigale, les fourmis devaient en avoir raison à bon compte.

FIN DE « FIN DE TOUT »

TABLE DES MATIÈRES

INDEX DES NOMS CITÉS

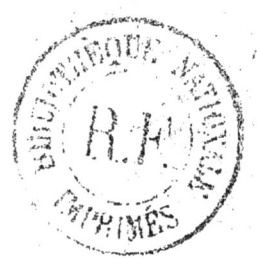

ÉMILE COLIN, IMPRIMERIE DE LAGNY (S.-ET-M.)

www.ingramcontent.com/pod-product-compliance
Lightning Source LLC
Chambersburg PA
CBHW071610220526
45469CB00002B/295